本书为 2019 年度高等学校国内访问工程师校合作项目课题《苏宁 O2O 新零售模式转型升级研究》部分研究成果。

小微企业文化建设研究

程淑华 著

ZHEJIANG UNIVERSITY PRESS
浙江大学出版社

图书在版编目（CIP）数据

　　小微企业文化建设研究／程淑华著. —杭州：浙江大学出版社，2021.1
　　ISBN 978-7-308-20823-9

　　Ⅰ.①小… Ⅱ.①程… Ⅲ.①中小企业—企业文化—研究—中国 Ⅳ.①F279.243

　　中国版本图书馆 CIP 数据核字（2020）第 233159 号

小微企业文化建设研究

程淑华　著

责任编辑	顾　翔
责任校对	张一弛　陈　欣
封面设计	周　灵
出版发行	浙江大学出版社
	（杭州市天目山路 148 号　邮政编码 310007）
	（网址：http://www.zjupress.com）
排　　版	杭州中大图文设计有限公司
印　　刷	广东虎彩云印刷有限公司绍兴分公司
开　　本	710mm×1000mm　1/16
印　　张	12
字　　数	160 千
版 印 次	2021 年 1 月第 1 版　2021 年 1 月第 1 次印刷
书　　号	ISBN 978-7-308-20823-9
定　　价	49.00 元

前言
Foreword

　　企业文化是现代管理学所关注的一个热点问题,但不少小微企业在追随通用电气、海尔等优秀企业,模仿诸如狼、大雁等动物特质时,并没有确认自己的企业应当建设什么样的文化,以及如何建设等关键问题的答案,以至于投入相当多的人力与物力,最终却只落得种苗不得果的局面。而目前市场上各种图书五花八门,各种理论层出不穷,但要找出一本既符合小微企业实际,又能够指导小微企业特别是初创企业文化建设实践的书,却非常困难。

　　企业文化建设是一项非常艰巨的工作,小微企业的文化建设不仅仅存在先天不足的问题,在后天管理理念上也存在欠缺。本书围绕小微企业在文化建设上的战略构想,依据企业的战略目标,制定企业文化建设的战略,分析和研究了小微企业文化建设的重点,探讨并实

1

现小微企业文化的建设与创新。一方面结合新时代小微企业文化建设的新局势、新变化，在内容上进行更新，目的是对小微企业，特别是初创企业进行指导；另一方面也能为政府制定扶持小微企业文化建设的政策提供依据。

　　全书分为上下两个篇章共 8 章。上篇介绍新时代小微企业文化的基本理论，让读者对小微企业文化内涵有所了解，包括：第一章，小微企业文化的源与流；第二章，小微企业文化理论；第三章，小微企业家与小微企业文化。下篇则重点描述小微企业文化建设的步骤，包括：第四章，小微企业环境的塑造；第五章，小微企业礼仪文化的培育；第六章，小微企业品牌文化的构建；第七章，小微企业伦理道德文化的建设；第八章，小微企业安全文化的建设。

　　尽管作者在本书的写作中付出了最大努力，但由于才疏学浅，书中不尽如人意和疏漏之处在所难免，敬请读者们批评指正，恳请学者、专家不吝赐教。

程淑华

2020 年 6 月

目录
Contents

上篇　小微企业文化的概念　/ 1

第一章　小微企业文化的源与流　/ 3

一、企业文化的重要性　/ 3

二、小微企业的重要性　/ 5

三、小微企业文化的源　/ 6

四、小微企业文化的流　/ 11

五、小微企业文化的发展趋势　/ 20

第二章　小微企业文化理论　/ 24

一、小微企业文化的特征　/ 25

二、小微企业文化的结构　/ 28

三、小微企业文化的功能　/ 33

四、小微企业文化的类型　/ 36

第三章　小微企业家与小微企业文化　/ 43

一、小微企业家的基本素质　/ 44

二、小微企业形象　/ 56

三、小微企业家与小微企业文化的关系　/ 61

四、小微企业家文化　/ 64

下篇　小微企业文化的建设　/ 69

第四章　小微企业环境的塑造　/ 71

一、企业环境定义　/ 72

二、适应小微企业外部环境　/ 78

三、塑造小微企业内部环境　/ 81

四、小微企业环境与小微企业文化的关系　/ 82

第五章　小微企业礼仪文化的培育　/ 87

一、礼仪的概念　/ 88

二、礼仪的形式　/ 89

三、礼仪文化的作用　/ 98

四、小微企业礼仪的培育　/ 102

第六章　小微企业品牌文化的构建　/ 109

一、企业文化与品牌　/ 110

二、塑造小微企业形象　/ 112

三、创建小微企业营销文化　/ 124

四、构建小微企业传媒文化　/ 137

五、打造小微企业信用文化　/ 145

第七章　小微企业伦理道德文化的建设　/ 148

一、伦理道德文化的概念　/ 149

二、伦理道德的特征　/ 149

三、小微企业伦理道德文化建设的途径　/ 152

四、小微企业商业行为的伦理道德规范

构建　/ 156

第八章　小微企业安全文化的建设　/ 161

一、小微企业安全文化的概念　/ 162

二、小微企业安全文化的基本要素　/ 166

三、小微企业安全文化建设的途径　/ 169

四、小微企业安全文化建设的实施步骤　/ 172

上篇

小微企业文化的概念

第一章　小微企业文化的源与流

创业是一项艰苦卓绝的事业,新时期下的小微企业不仅要经受来自国内外市场的冲击,还要应付不规范的市场经济体系下的各种"狙击"。发展才是硬道理,企业必须有承受资本整合时阵痛的能力,有培育厚重思想底蕴的能力,有融合多元文化的胸襟,而所有这些,都是企业文化的一部分。尼采有一句经典的话,"当婴儿第一次站起来的时候,你会发现使他站起来的不是他的肢体,而是他的头脑"。一个企业要站起来,也必须得依靠它的"脑力"——企业文化。

一、企业文化的重要性

企业文化是企业管理的一个重要手段,也是企业进行经营管理所秉持的基本思想。互联网时代,在国内外形势均如此复杂的市场环境中,各类企业都面临着前所未有的机遇和挑战。因此,在这样的国际环境、市场氛围下取得更好的效益,逐步壮大,是所有企业努力的目标。

企业文化是企业的黏合剂,可以把员工紧紧地黏合、团结在一起,使他们目的明确、协调一致。企业内部的文化氛围和价值导向能够起到精神激励的作用,将职工的积极性、主动性和创造性调动与激发出来,把员工的潜在智慧诱发出来,使员工的能力得到充分发挥,使员工的自主管理能力和自主经营能力得到提高。这样的良性循环使得企业文化为企业的经营效益提升提供更大的推动力。

纵观世界各国企业的发展史,每个成功的企业都有一套完善的企业文化。企业文化理论,从产生到壮大的过程可被概括为以下三个步骤。

(一)企业文化理论的缘起

20世纪70年代,一些西方国家企业界和管理学界对日本高速发展的原因进行深入探索,通过对比研究发现,其成功的关键在于日本企业拥有优秀的企业文化。企业文化使员工同心向前,激励全体人员朝着同一个目标努力奋斗,实现企业快速发展。伴随着日本经济的起飞,日本企业的管理模式特别是它们对企业文化的重视被各国企业所借鉴。

(二)企业文化理论的发展

在企业文化理论得到初步认同后的10年间,中国香港、中国台湾、新加坡和韩国在短时间内实现了经济的爆发式增长。广大学者对这种情况进行了研究和探索,随后达成了初步共识:"亚洲四小龙"崛起背后共同的原因就是对企业文化的推崇,企业文化为企业的发展提供了精神支柱。

(三)企业文化理论的推广

从日本到美国再到中国,企业文化理论发展迅速,学者的不断研究、企业家的研究和实践,对企业文化理论的发展起到了非常重要的促进作用,使之在世界上被广泛推广。尤其是中国学者和国内企业加深对国外先进的企业文化管理理念的研究,不断总结经验、加大在企业文化建设上的投入,使中国企业的企业文化日益繁荣,指导中国企业不断向前。

二、小微企业的重要性

社会经济的繁荣发展和"万众创新"离不开数量众多的小微企业。根据最新的企业规模划分标准,小型企业、微型企业、家庭作坊式企业和个体工商户被归类为小微企业。

这些小微企业具有资产规模小、人员数量少、抗风险能力弱、生存能力普遍偏低等特点,但是这类企业数量众多,在中国实体企业总数中占据了多数。《2017—2022年中国企业经营项目行业市场深度调研及投资战略研究分析报告》表明,中国小微企业有近5000万家,占企业总数的99%。一般来说,员工在10名以上、100名以下的企业就是小微企业。

但小微企业是促进就业、改善民生、稳定社会、发展经济、推动创新的基础力量,是市场经济主体中数量最大、最具活力的企业群体,贡献了中国超过 60% 的 GDP、50% 的税收和 80% 的城镇就业岗位。

此外,从企业个体成长轨迹的角度来看,企业存在生命周期,成功的企业都经历过从小到大的成长历程。而当前也很多有创新创意的企业正在经历从小微企业向大型企业蜕变的过程,故小微企业往往是大中型企业的初级形式或者后备力量,具有良好成长性的小微企业很有可能在市场竞争中不断获得成长,从而成为优秀企业。[①] 因此,研究小微企业的成长性问题具有较强的现实意义。

不同于大中型企业,小微企业在组织结构上简单,规模小、资金少,员工整体的素质要低于大中型企业。因而,小微企业的文化建设不仅仅先天不足,在后天的管理理念上也存在欠缺。认识到企业文化的缺失,小微企业也开始逐渐重视企业文化的建设,但由于先天和后天原因,小微企业的文化建设是一项非常艰巨的工作。我们要意识到,小微企业的文化建设是循序渐进的活动,只有坚定决心、长期努力,才能取得成效,而且进行小微企业文化建设将对企业的发展起到至关重要的作用。

三、小微企业文化的源

企业文化是企业在发展中逐步形成的为全体员工所认同、遵守并带有

[①] 刘睿智.小微企业成长的企业家基因研究[D].济南:山东大学,2015:5.

本企业特点的价值观念。从广义角度上讲,企业文化是企业物质文化、行为文化、制度文化、精神文化的总和;从狭义角度上讲,企业文化是企业的意识形态,也就是企业的价值观,它是企业的核心。

管理学家、企业文化学家及其他学者给企业文化下的定义到目前为止共有230余条,我们认为经典定义有以下几种。

(一)国外观点

特伦斯·狄尔、艾伦·肯尼迪认为:企业文化是为一个企业所信奉的主要价值观,是一种含义深远的价值观,是神话、英雄人物标志的凝聚。

塔格尤尔·利特温认为:企业文化是企业内通过物体布局所传达的感觉或气氛,以及企业成员与顾客或其他成员交往的方式。

埃德加·沙因认为:企业文化是新员工要被企业录用所必须掌握的"内在规则"。

霍恩斯认为:企业文化是在工作团体中逐步形成的规范,"干一天公平的活,拿一天公平的工资"。

(二)国内观点

管维立认为:企业文化就是在一个企业中形成的某种文化观念和历史传统,共同的价值准则、道德规范和生活信息,将各种内部力量统一于共同的指导思想和经营哲学之下,汇聚到一个共同的方向。

潘肖珏、苏勇认为:企业文化是在一定的社会历史条件下,企业在生产经营和管理活动中所创造的具有本企业特色的精神财富和物质形态。它包括文化观念、价值观念、企业观精神、道德规范、行为准则、历史传统、文化环境、企业产品等。其中价值观是企业文化的核心。

陈炳富、李非认为：企业文化是指企业组织的基本信息、基本价值观和对企业内外环境的基本看法，是由企业的全体成员共同遵守和信仰的行为规范、价值体系，是指导人们从事工作的哲学观念。

韩有岚认为：企业文化有广义和狭义之分。广义的企业文化是指企业所创造的具有自身特点的物质文化和精神文化；狭义的企业文化是企业所形成的具有自身个性的经营宗旨、价值观念和道德行为准则的总和。

（三）企业文化的构成要素

对一个系统，可以有不同的划分方式。企业文化的构成要素可以被划分成三大类，即物质文化要素、制度文化要素、精神文化要素。

1.物质文化要素

企业物质文化要素是由企业员工创造的产品和各种物质设施等构成的器物文化。可分成两大类：一类是企业生产的产品和提供的服务，即企业生产经营成果；另一类是企业的物质产品、技术服务、厂房设施、环境布置等，它们集中表现了一个现代企业在社会上的外在形象。

2.制度文化要素

企业制度文化要素指的是一种来自员工自身以外的、带有强制性的约束,它规范着企业内部每个工艺的操作过程。它包括厂规、厂纪、考核奖惩制度等内容。

企业物质文化是企业制度文化存在的前提,一定的企业物质文化只能产生与之相适应的企业制度文化。企业制度文化又是企业精神文化的基础和载体,并对企业精神文化起作用。

3.精神文化要素

企业精神文化要素是企业在生产过程中,受一定的社会文化背景、意识形态影响而长期形成的一种精神成果和文化观念。它是企业精神、企业经营哲学、企业道德、企业价值观念、制度文化等意识形态的总和。

(四)企业文化的三个层次

企业文化的内核是价值观,以这个内核为中心构筑起来的企业文化还有其他方面的内容,可分为三个层次。

1. 表层的企业文化

这是企业文化的外显部分,指的是那些视之有形、闻之有声、触之有觉的文化形象。这些表层的企业文化能给人留下第一印象,使人从中窥察或感觉到企业职工的精神风貌与职业道德状况,是企业文化的重要组成部分。

2. 深层的企业文化

与企业文化的表层部分截然不同,深层的企业文化不是人们凭感觉器官就能直接体察到的,它是渗透在企业职工心灵之中的意识形态,包括理想信念、道德规范、价值取向、经营思想等,即共同持有的价值观。这部分内容是企业文化的核心,是企业的灵魂。

3. 中层的企业文化

这部分企业文化不像表层文化那样直接外露,而是需要人们调查了解才能搞清楚。也不像深层文化那样隐蔽在职工的头脑之中,人们可以通过一定的直观形象把握它。这种介于表层和深层之间的企业文化,主要体现在企业的规章制度、组织机构、企业内部和外部的人际交往行为等方面。

以上三个层次的企业文化,最为重要的是深层文化。它决定着小微企业及员工的行为取向,进而决定着中层文化和表层文化的状态,企业要把重点放在深层文化的构筑方面。

四、小微企业文化的流

中国企业文化理论的发展大体经历了三个阶段。1984—1991年,企业文化理论的传播与讨论阶段。从西方引进的企业文化管理思想和管理方式开始广泛传播并引起了全国学者和企业家的深入讨论。1992—2002年,企业文化理论的普及和推广阶段。自企业文化理论传入国内开始,企业文化的地位不断得到广大企业领导的认可,促使大部分企业进行企业文化管理试验。2003年至今,企业文化全面实践与发展创新阶段。中国特色社会主义企业文化理论与实践在全国范围内全面开展。

(一)中国企业文化的特点

1984年企业文化理论传到中国,引起企业界和学术界的强烈反响,掀起了企业文化的研究高潮。中国的传统文化十分重视"关系"。现代著名思想家、教育家梁漱溟先生在对中国社会与西方社会进行对比后说,中国是伦理本位的社会。所谓"伦理",首先是一种关系。"伦理关系,即情谊关系,也表示相互间的一种义务关系。"这种关系网络渗透到企业中,其表现就是:企业的核心是企业的董事长或总经理,围绕这一核心的是与其有血亲或准血亲关系的人。在经营企业的过程中忽视对权利的保护,关系网络中的信任与默契并不长久,具有很大的随意性和不确定性。

具体来说,中国企业文化具有缺乏文化主体这个突出特点。

企业文化共同体很大程度上处于"有工厂无企业""有厂长无企业家"的境地。缺乏企业文化的主体,即企业家群体、企业一般管理者群体、企业职工群体和企业创新群体,企业文化还处于草创时期。

近几年来,学术界和企业界在企业文化理论研究和实践方面逐步形成共识:企业文化以企业生产为中心,包括理念(深层)、行为(中层)和视觉(表层)三个层次,应把企业文化作为企业考核的一项指标,培育和发展企业文化的主体和载体。

(二)小微企业文化应具备的特性

新经济的不断发展使得社会资源配置方式和社会运行模式、人类工作和生活方式发生了重大改变,旧的经营管理观念、意识和思维方式也受到了极大的冲击。因此小微企业文化在发展中应具备以下主要特性。

1.创新文化

新经济时代,管理创新是管理的主旋律。成功的小微企业必须注重自己的独到之处,即具有独特的产品和个性化的经营管理方式,因此创新是小微企业文化的主基调。

在企业管理创新中占据核心地位的是企业文化的创新,特别是在知识量、信息量急剧增长的新经济时代,企业文化的创新更具有决定性意义。一般来说,创新文化具有以下特征。

(1)外部控制少,企业将规则、条例、政策的控制减少到最低程度。

（2）接受风险，企业鼓励员工大胆试验，不用担心可能失败的后果，错误被看作是学习的机会。

（3）容忍冲突，企业鼓励不同的意见，个人或单位之间达成一致和相互认同并不意味着能实现很高的经营绩效。

（4）注重结果重于手段，提出明确的目标以后，鼓励员工积极探索实现目标的各种可行途径和可能存在的若干种正确的解决方法。

（5）强调开放系统，企业时刻监控环境的变化并随时做出快速的反应。

方太把企业文化建设当作企业管理的一个重要组成部分，在培育方太企业理念、品牌文化、经营哲学和服务文化上走出了一条创新之路。

方太董事长茅理翔说过："有些人认为创立名牌只要产品质量好，用户满意就够了。我的理解是，品牌的真正含义必须是'产品、厂品、人品'三者的有机结合。'三品合一'是方太品牌的核心思想。"[①]

方太深知创名牌首先必须要有好的产品。产品是使一个牌子在市场上获得知名度、美誉度和高信誉的内在根据。如果没有这个内在根据，无论采取的推销术多么高明，它对扩大产品影响、打开产品销路的作用都十分有限。多年来，方太始终坚持着"中、高档精品"的产品定位及"领先、独特、高档"的开发原则，先后开发出厨后吸油烟机、火风嵌入式灶具、海贝食具消毒柜等厨具精品。方太率先开发研制的流线型吸油烟机、人工智能型吸油烟机、智能调速式吸油烟机等都均以独特的外观、卓越的性能体现了油烟机行业的精品形象，方太因而被评为浙江省名牌产品。

而"厂品"就是企业形象。一个企业的管理模式、企业精神、文化理念、产品质量、服务体系、营销活动、市场信誉、人力资源等综合体现了一个企业

---

① 梁瑞丽.方太：创新企业文化[J].东方企业文化，2009(10)：18-19.

的品位。厂品是产品的基础,是人品的体现,也是树立品牌形象的一个相当重要的因素。方太至今保持每年举办文艺大奖赛的传统,职工们用自编自导自演的文艺节目,说方太、唱方太、演方太,发展了方太建立社会大家庭的强烈愿望,这对外树形象、内求团结起到了很好的作用,方太信誉也在当地形成了良好的口碑。近年来,方太又以现场管理为基础,从最直观、最薄弱、最容易引起脏乱差现象的现场抓起,借鉴日本的生产现场管理办法 6S 行动计划,即"整理、整顿、清扫、清洁、素养、安全",为方太人创造了一个良好的工作环境,也为方太树立现代化的企业形象创造了新环境、新氛围、新风尚。

"人品"就是企业家与员工的人品,特别是企业家的人品。一个具有强烈社会责任感、良好公众形象、较高精神境界的老总,才能带出一支具有强烈敬业精神和创新精神的管理和生产队伍,执着地追求健康、先进、文明的工作和生活方式,为人们生产出质量可靠、性能卓越的产品。而一个不守信誉、弄虚作假的厂长经理,只能向社会提供假冒伪劣产品。在构成"人品"的因素中,企业家和员工的素质是最为重要的。因为企业家的素质是品牌战略的制高点,决定着品牌发展的方向与水平;企业员工素质是立足点,决定着品牌发展的基础、速度和难度。方太的员工是一个学习型的团队,不管哪一级的干部,不管哪个岗位上的员工,都把自己纳入与企业同步发展的轨道,并自觉加强培训,从而加快了国内外先进管理理论和实践经验的移植和应用。

方太"三品合一"的品牌形象是方太从战略到战术,在产品开发、质量管理、广告策划、用户服务等方面全方位、全过程贯彻创新精神的结果。①

---

① 刘光明.新编企业文化案例[M].北京:经济管理出版社,2011.

2.学习型组织文化

知识和技术的更新正在以加速度方式进行，一个小微企业要持续发展，就必须要不断学习，不断地更新知识。学习型组织被视为竞争力最强、最具活力的组织形式，可以充分发挥人的主观能动性，使人们的思维方式实现从线性思维到系统思维和创造性思维的转变，让人们在学习中不断提高。学习型组织的概念是由美国麻省理工学院教授彼得·圣吉在《第五项修炼》一书中首先提出来的，他不仅要求企业中的每个人都要终身不断地学习，不断获取新知，不断超越自我，而且要求企业也要不断地学习和不断地超越。

新经济环境下小微企业在文化建设中应进一步按照学习型组织的要求，大力培育学习文化，更新学习和培训理念，对全体员工进行全面教育、终身教育和素质教育，树立全员教育观、素质教育观、终身教育观、全方位教育观和延伸教育观，创建学习型组织的小微企业文化。

3.速度制胜文化

市场复杂多变，而且变化的速度在日益加快。如何跟上时代的步伐，适应迅速变化的市场的需要，是当今企业面临的一大难题。企业只有快速反应、快速应变才能生存。小微企业之间不仅要比价格、比质量、比服务，还要比反应、比速度、比效率。小微企业快速反应能力的培养成为管理理论研究的新领域，管理工作效率的持续提高成为衡量组织效能的首要标准，敏锐的观察力是预测和预见未来的首要条件，抓住时机果断决策使企业始终和市场的变化同步。这要求小微企业不但要建立效率高、适应性强的生产体系，而且还要尽可能建立高效率、有战斗力的团队,以期能迅速及时处理因为环境变化而产生的变化,使自身立于不败之地。

现在及未来很长一段时间的企业竞争都将演变为节约经营时间的效率竞争,演变为最先到达顾客的速度竞争,以尽可能短的时间提供优质的产品和服务已成为小微企业竞争优势的轴心:能够快捷地为顾客提供创新的产品或服务,就有能力确定行业的标准;技术创新速度领先于竞争对手,就能缩短产品开发周期,获得最大利益,也能显著减少经营风险;快速反应有助于敏锐地把握住市场机会,迅速形成有效的产品销售渠道,提高顾客满意度;不断的、快节奏的创新有助于形成新的竞争优势。

4."以人为本"文化

"以人为本"就是要充分尊重人的个性与自由,发掘人的潜能,激发人的创造力。在日益激烈的社会竞争中,小微企业间的竞争主要还是人才的竞争。现代企业提倡人本管理思想,提出企业管理要以人为中心,尊重人、关心人、调动人的积极性,依靠全体员工发展企业。"以人为本"的管理是指在企业管理过程中以人为出发点和中心,围绕着激发和调动人的主动性、积极性、创造性而展开的,以实现人与企业共同发展的一系列管理活动。小微企业不是片面地发掘人的体力,更重要的是挖掘人的智力资源,发挥人的创造性。

企业文化理论的本质特征是倡导以人为中心的人本管理哲学,主张将培育进步的企业文化和发挥人的主体作用作为企业管理的主导环节。小微企业是否成功在于它有没有把员工的积极性和才干与小微企业的目标结合起来。要将员工的积极性和才干与小微企业的目标结合起来:首先要重视对员工的能力和技术的培训,满足他们更高的需求层次,为他们提供尽可能多的发展机会,注重员工的专业特长;其次,要考虑小微企业对员工应承担什么义务和责任,如何实现对员工所做的承诺,对员工进行相应的激励,使员工能够分享企业成长所带来的好处。只有这样,员工才能树立积极的工作价值观,才能真正感受到成功的乐趣,才能表现出敬业尽职的精神;只有这样,小微企业才能真正培养起员工对企业的归属感和忠诚,才能建立起成功的小微企业文化。

5.团队文化

社会分工越来越细致,劳动之间的协作性要求越来越高。团队精神日渐重要,成为组织取得良好业绩的基本保证。团队成员间相互尊重和理解,彼此信任和忠诚,各个成员虽然性格爱好不同,能力素质各异,但为了共同的目标和追求走到一起,形成命运共同体。共同目标、优势互补是团队的黏合剂,同舟共济、互相帮助是团队的工作方式,共担责任、共同奉献是团队精神的灵魂。

团队必须有一个令人信服的、一致的目标。这个目标是员工共同的愿景,能够增进团队内部明晰的沟通和建设性意见的碰撞,可以使团队成员形成强烈的归属感、责任感和使命感。员工把团队的远大目标看作自己崇高的事业,牢牢地把自己的前途与团队的命运维系在一起,进而被激发出对事业的热爱之情,尽心尽力而充满激情。根据团队目标需要、形势变化的情况及各自的特长,团队成员应当倾听并回应他人观点,不间断地进行有效沟通,灵活地采取互补行动,密切配合和相互协作,齐心协力地共创辉煌。坚持团队利益优先,个人服从团队。在对待责任和风险的态度方面,团队成员一致倾心竭力、全力以赴,表现出最宝贵的奉献精神和牺牲精神。团队的核心成员通过浇灌团队精神而培养成员的责任感和使命感,让团队成员参与管理、共同决策、一致行动,以充分调动成员的积极性、主动性和创造性。

6.竞争与合作文化

在当今社会,企业变革的一个重要方面,就是组织之间通过团结合作的方式来合力创造价值,取得前所未有的获利能力与竞争能力。这也就是所谓的"双赢模式",它要求企业之间从传统销售关系中的非赢即输、针锋相对的关系,改变成更具合作性、共同为谋求更大利益而努力的关系。按照这种模式,各个小微企业在开拓市场方面,可以改变传统的"你死我活"的竞争观,在"双赢理念"支配下,与自己的合作方共同开发广大的市场,实现"利益共享",使企业由低层次的竞争向高层次的竞争转化。这就意味着在现代经济条件下的小微企业,只有倡导竞合精神,形成合作文化,才能求得最佳的生存与发展。

不妨来看看胡雪岩的选址方法。1874年,胡雪岩在杭州吴山脚下的大井巷建屋造店,创办胡庆余堂。杭州从唐朝以来就遍布佛寺,有"东南佛国"之称,在每年春暖花开的季节一个月左右的时间里,各地的善男信女成群结队地来进香。《杭俗遗风》中记载:"城中三百六十行生意,一年中敌不过春市一市之多。大街小巷,擦挨肩背,皆香客也……各色生意,诚有不可意记者矣。"这种因烧香拜佛者聚集而成的商业性集市叫作"香市"。吴山早在元代就有香市,元代诗人贡有初的《春日吴山绝句》"十八姑儿浅淡妆,春衣初试柳芽黄。三三五五东风里,去上吴山答愿香",也从侧面反映了吴山香市的情况。到了清代,吴山香市与钱塘门外的昭庆寺香市、岳坟以北七八里开外的天竺香市成为杭州最长久、规模最大、集市最盛的三大香市,也成为杭州客流量最大的地方之一。胡雪岩选中这块"黄金宝地",在吴山北麓购地8亩,开设建筑面积约 1.2 万平方米的胡庆余堂,与周边的商家共进步、齐发展。

7.可持续发展文化

任何企业都存在内部要素、组织结构和外部环境是否和谐发展的问题。建设和谐的、可持续发展的企业文化有利于组织中各子系统能动作用的发挥及系统整体功能的最大程度利用。

可持续发展注重经济效益、社会效益和生态效益的统一。在可持续发展的思维模式下,企业在处理本系统与外部环境之间的关系时首先要考虑"共赢"。共赢理念是双赢理念的扩展和延伸,它要求企业在处理双边和多边关系、系统与外部环境之间的关系时,通过优势互补和资源共享等手段,共同努力把蛋糕做大,在不损害第三方利益、不以牺牲环境为代价的前提下,力求取得各方都比较满意的结果。共赢理念要求企业承担起更多的社会责任和道德义务,如尊重消费者权益、提供更多就业机会、讲诚信道德、维护社会安定、保护生态环境等。只要企业普遍确立共赢思想和可持续发展观,就可能促进人类社会跃升到一个全新的高度,使个人身心更健康,组织更持久,社会更融洽。

五、小微企业文化的发展趋势

（一）小微企业文化建设已获得的成就

很多小微企业刚开始只在企业文化的表现形式上进行建设,如标志、口号等,在这一时期小微企业以模仿优秀企业为主进行文化建设。经过了模仿阶段,企业主发现企业文化要真正对企业有帮助,就要有深层次的理念,而且每个企业都有不同的特性。因此,小微企业文化的发展,从表到里,从广泛到特制,慢慢走向成熟,取得了一系列突出的成就。

1. 小微企业建设有企业特色的文化

小微企业文化建设告别了模仿的阶段,小微企业仔细研究自身的情况,了解自己的追求,总结核心价值观,再对价值观进行阐释,规范自身的行为,使企业员工有据可依。

2. 小微企业文化体现了民族、地域的特性

因为企业处于一定地域、员工是一定民族的,超脱这一基础建立的企业文化,对全体员工没有参考价值,也不容易被认可。所以很多小微企业在建

设企业文化时,加入了民族、地域的元素。比如浙江的很多民营企业的企业文化都带有强烈的"浙江精神"——"干在实处、走在前列、勇立潮头"的独特地域文化色彩。

3.企业文化建设更加深入

抛开表面的文化宣传,小微企业更扎实地挖掘深层次的内容。资料显示,小微企业的平均寿命不到 5 年,在众多小微企业倒下的时候,一些企业主开始思考本质的东西,久而久之,企业根本的文化被提炼出来。最基础的文化形成了小微企业的根本文化,也给小微企业带来深远的影响。

(二)小微企业文化的发展趋势

1.企业文化的发展水平成为制约小微企业发展的主因之一

企业文化是一种力,企业文化力第一是凝聚力,第二是激励力,第三是约束力,第四是导向力,第五是纽带力,第六是辐射力。企业文化的这 6 种力量,在未来小微企业发展中将越来越明显、越来越强烈地表现出来。企业中最具竞争力而且使企业长盛不衰的法宝,不是有形资源而是企业文化,企业用心创造的这种"自创型"资源会使企业不断发展,这必将成为一种趋势。

2.国际化对小微企业的沟通和管理方式提出了新要求

世界上的交流必须以对文化的理解为前提,全球贸易活动频繁使得中国小微企业应更多地站在世界的角度来考虑自身的发展,因为中国的小微企业将更加广泛地融入国际环境,与国外企业开展交流和合作。小微企业的对外交流在技术、物质层面上应该不成问题,因为科学技术本身在世界范围内是通用的,但中外文化的差异将成为小微企业与国际接轨的巨大障碍。

3.企业文化是小微企业长期、持续经营的成果

企业文化是企业历史的沉淀,是企业经营者在实践中用自己的行为方式和领导风格影响企业员工,从而逐渐形成的一种企业上下共同认可的价值观和行为准则,是企业经营的副产品。随着知识经济时代的来临,信息量急剧增大,知识更新速度加快,人们的生产、生活方式发生重大变化,企业文化的生产力性质大大加强。市场经济下的小微企业之间竞争激烈,能起到增强凝聚力、提高竞争力作用的企业文化成为小微企业生存和发展的制胜点。各企业不但高度重视原有的企业文化,而且为适应新形势下本企业发展的需要而创造新的企业价值观、企业精神和企业形象等,并在企业产品、企业制度、企业环境中表现出来。

4.小微企业文化的群体和个体设计应当增加并重视实际操作内容

小微企业文化的群体和个体设计包括文化建设咨询、宣传画册设计制作、影视专题片策划制作、形象咨询等。一个企业家富有魅力的形象,是企业家自我内在修养的外在表现。企业家的形象直接代表并反映他(她)所领导的企业的形象,而企业形象是企业重要的竞争要素,良好的企业形象是企业不可忽视的无形资产。因此,企业家要关注自身形象和企业形象,并注重建设小微企业文化措施的可操作性,这是企业文化建设的一个趋势。

第二章　小微企业文化理论

改革开放后的很长一段时间,小微企业在发展过程中,根据企业家的管理思想、管理作风,无意识地形成了企业文化。这一时期的小微企业文化,属于典型的"领导文化"。从 20 世纪 90 年代以后,一些企业家开始了解企业文化,意识到企业文化的重要性,同时国内外关于企业文化的研究也慢慢多起来。很多小微企业开始在企业文化的表现形式上进行建设,如设立标志、口号等,这一时期的小微企业文化建设是以模仿为主的。

经过了模仿阶段,小微企业家发现,企业文化要真正对企业有帮助,就要有深层次的理念。不同的企业应该有不同的特性,至此,小微企业的文化建设,开始从表到里,从广泛到特制,慢慢走向成熟。由于不同小微企业所处的内外环境不同,小微企业的文化也必不相同。但是强调小微企业文化的个性,并不否认小微企业文化的共性。如果撇开小微企业文化的具体形式和个别特点,我们不难发现,不同的小微企业在文化上存在很多共同特征。

一、小微企业文化的特征

概括地讲,小微企业文化的共同特征主要有以下五点。

(一)以人为中心

人是生产力中最活跃、最具有革命性的因素,是人类社会发展的最终决定力量。企业文化从理论到实践都强调以人为中心,即尊重人、理解人、关心人、依靠人、发展人和服务人,通过对人的有效激励来充分发挥人的主动性、积极性和创造性,最大限度地挖掘人的潜能,来更好地实现个人目标和组织目标。培育以人为中心的企业文化是现代企业管理的大趋势,世界上优秀企业的企业文化都坚持以人为中心的价值观,把对人的关注、人的个性的释放、人的积极性的调动、人的能力的提升推到中心地位。这些企业非常重视对作为知识载体的人及人群(团队)的研究,并且把员工看作平等的合作伙伴而不是简单的雇员,管理者和员工互相尊重、互相信任,共同为企业的长远发展尽职尽责。企业不单为员工提供工资和福利,还为员工提供学习和培训的机会,为员工营造一种公正、公平的环境氛围,在人员的提拔、任用、考核等工作中做到公正、公平、任人唯贤。

（二）具有管理功能

现代管理是三个方面的结合，也是三个层次的演化：一个是经验管理，一个是科学管理，一个是文化管理。在现代管理理论兴起初期，管理者一般靠经验。从19世纪末20世纪初开始，科学管理逐步兴起。科学管理就是用科学的方法和科学的手段在一定程度上代替人的经验进行管理。这很重要，但是最重要的还是要采取文化管理的方式。所谓文化管理，就是要建立企业文化。小微企业文化塑造，就是建立企业员工的群体意识、一致的价值观，继而用这种价值观去管理企业、管理员工。这种潜移默化地影响和控制人们行为的方式，人们通常称其为"软管理"。因此，从某种程度上讲，小微企业文化是一种高级的管理手段，具有管理功能。

（三）长期积累形成

企业文化是小微企业在发展过程中不断积累形成的，具有发展性，这句话包含着两层意思：企业文化是在生产经营和管理活动中培育形成的，是小微企业不断发展的驱动力；但是当企业内外情况发生变化时，一个企业慢慢积累而形成的文化，或者企业的领导者精心培育而形成的、曾经结出硕果的强文化，就需要得到充实或者重塑。例如，互联网的迅猛发展和电子商务的普及，给人们带来了网上购物的新生活方式，使得传统的商场门庭冷落，尽管百货公司有过辉煌的历史，但其商业模式与顾客现在的需求之间存在着较大落差。在这种落差面前，企业必须树立"顾客至上"的经营理念。

(四)全体员工共同享用

小微企业文化是由企业所有员工的共同价值观和趋同行为模式构成的,具有群体性和普遍性的特征。一个小微企业的企业文化一旦形成,便会在日常经营活动中通过各种形式,悄无声息地渗透到员工思想中,像无声的命令一样促使员工朝同一目标前进。它是由一个企业的全体成员共同接受、普遍享用的,而不是企业中某些人特有的。

每个小微企业都具有区别于其他企业的特征,而每个小微企业的企业文化,又代表了这个企业多数员工的思想和价值认知、价值选择。部分先进的企业文化,甚至代表着这个时代、这个社会的价值观。

(五)体现了民族、地域特征

因为企业是处于一定地域、企业员工是某一特定民族的,超脱这一基础建立的文化,对全体员工没有参考价值,也不容易被认可。所以许多小微企业在建设企业文化时,加入了民族、地域的元素。比如很多企业文化结合时代特色,在企业中宣传"不忘初心、牢记使命"的文化;又比如浙江很多民营企业的企业文化都带有强烈的浙江人"干在实处,走在前列,勇立潮头"的独特地域文化色彩。

二、小微企业文化的结构

企业文化结构,是指小微企业文化各个要素之间的时空顺序、主次地位与结合方式,它表明各个要素如何联系起来,形成企业文化的整体模式。从广义的角度讲,企业文化是指企业物质文化、企业行为文化、企业制度文化、企业精神文化的总和,也就是说,企业文化主要由以上四个方面构成。如果用一组同心圆来表示(见图 2-1),那么第一层是表层的物质文化,第二层是浅层的行为文化,第三层是中层的制度文化,第四层是核心层的精神文化。

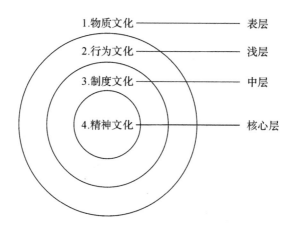

▲ 图 2-1 小微企业文化结构

（一）物质文化

物质文化,是由企业员工创造的产品和各种物质设施等构成的器物文化,是一种以物质形态为主要研究对象的表层企业文化。

小微企业生产的产品和提供的服务首先是小微企业生产经营的成果,它是企业物质文化的首要内容;其次是小微企业创造的生产环境、企业建筑、企业广告、企业标志、企业技术等,它们也是企业物质文化的主要内容。

如果说小微企业文化的"根"是企业的精神文化,那么小微企业文化的"果"就是企业的物质文化。企业的精神文化决定着企业的物质文化,企业的物质文化又反映了企业的精神文化。一个企业树立什么样的价值观,往往决定这个企业营造什么样的企业环境,采用什么样的企业标志、企业象征物、企业技术,向人们提供什么样的产品和服务。同时,从企业产品、企业环境、企业标志等一系列企业物质文化中我们也可以感受到企业的精神文化。例如,苏宁易购的苏宁狮图标,暗示着一种执着拼搏、永不言败的企业文化。

（二）行为文化

如果说企业物质文化是企业文化的最外层,那么企业行为文化就是企业文化的第二层,即浅层企业文化。

小微企业的行为文化是指企业员工在生产经营、学习娱乐中产生的活动文化。它包括企业经营、教育宣传、员工人际关系活动及文娱体育活动中产生的文化现象。它是企业经营作风、员工精神面貌和人际关系的动态体现，也是企业精神、企业价值观的折射。从企业员工结构上划分，企业行为又包括企业家的行为、企业模范人物的行为、企业员工的行为。

小微企业家是小微企业经营的主角，是整个小微企业的统帅。企业家的行为在很大程度上影响着小微企业的行为，也影响小微企业员工的行为。企业的经营决策方式和决策行为主要来自企业家，企业家的决策行为与企业命运是休戚相关的。成功的企业家要有眼光，能发现别人不能发现的机会；有胆量，即看准了项目，不是议而不决，而是果断拍板；有组织能力，即会把各种生产要素组合到一起，从而提高效率。这三个方面如何实现呢？这就要求现代企业家不断地学习。知识像牛奶、水果一样是有保鲜期的，保鲜期一过知识就落后了，尤其在知识经济时代，新知识不断产生、不断变更，只有不断学习、更新知识，企业家才能免遭淘汰。

企业模范人物是企业的中坚力量，他们的行为在整个企业行为中占有重要的地位。他们的行为是企业价值观的化身，是人们所公认的最佳行为和组织力量的集中体现，是企业文化的支柱和希望。

企业员工的群体行为决定企业整体的精神风貌和企业文明的程度，企业员工群体行为的塑造是企业文化建设的重要组成部分。

（三）制度文化

在小微企业文化中，制度文化是人与物、人与企业运营制度的结合部分，是一种约束企业和员工行为的规范性文化。企业制度文化是精神和物质的中介：它既是人的意识与观念的反映，又是由一定物质形式所构成的；

它既是适应物质文化的固定形式,又是塑造精神文化的主要机制和载体。制度文化的这种固定的中介传递功能,使企业在复杂多变、竞争激烈的经济环境中处于良好的状态,从而保证了企业目标的实现。

企业制度文化是反映企业制度规范的文化层面,其主要要素包括三个部分,即企业领导体制、企业组织结构、组织管理制度。企业制度文化是小微企业文化的重要组成部分。首先,制度文化是精神文化的产物,是精神文化的基础和载体,同时又反作用于精神文化;其次,制度文化是物质文化建设的保证,没有严格的岗位责任制和科学的操作规程等一系列制度的约束,任何小微企业都不可能生产出优质的产品;最后,小微企业的制度文化是企业行为文化得以贯彻的保证,一个小微企业的经营是否具有活力、是否严谨,员工的精神风貌是否高昂、人际关系是否和谐、文明程度是否得到提高等,无不与制度文化的保障作用有关。

(四)精神文化

精神文化,是指企业在生产经营过程中,长期受一定的社会文化背景、意识形态影响而形成的一种精神成果和文化观念。其内容主要包括企业价值观、企业经营哲学、企业精神及道德规范等,是企业意识形态的总和。相对于企业物质文化和行为文化来说,企业精神文化是一种更深层次的文化,在整个企业文化体系中,它处于最中心的地位,是企业物质文化、行为文化的升华。

1.企业价值观

企业价值观是指企业及员工的价值取向,即对事物的判断标准,是企业在追求经营成功过程中所推崇的基本信念和奉行的目标。从哲学上说,价值观是关于对象对主体有用性的一种观念,而企业价值观是企业全体或多数员工一致赞同的关于企业意义的终极判断。

作为小微企业文化中最深层次的文化要素,企业价值观决定了企业的基本特征、生产经营风格、管理特色及每个员工的个人取向。价值观的精神作用可以化为无穷的力量,它可以帮助企业摆脱困境。对每个员工来说,企业价值观也是其精神上的寄托和依赖,是其努力工作的最终理由。

2.企业经营哲学

经营哲学是指企业在经营管理过程中提升的世界观和方法论,是在处理人与人关系(雇主与雇员、管理者与被管理者、企业利益与员工利益、企业利益与社会利益等)、人与物关系(产品质量与产品价值、职工操作规范、技术开发与改造等)时形成的意识形态和文化现象。经营哲学是企业的最高指导思想,它是企业必须回答的有关企业生产经营的最重要、最基本的问题,反映了企业行为的基本取向,其中包括企业存在的目的和价值、企业的社会责任、企业与环境的关系。

3.企业精神及道德规范

企业精神是指企业所拥有的一种积极向上的意识和信念。企业精神是现代意识与企业个性相结合的一种群体意识,是一种个性化非常强的文化特征。一般来说,企业精神是企业全体或多数员工共同拥有、彼此共鸣的内心态度、意志状态和思想境界,它可以激发企业员工的积极性,增强企业活力。

企业的道德规范是用来调节和评价企业和员工行为的总称。它包括企业与员工之间的道德规范、企业与企业之间的道德规范、企业与顾客之间的道德规范及员工之间的道德规范。

三、小微企业文化的功能

所谓功能是指一系统影响、改变他系统及抵抗、承受他系统的影响和作用的能力,是一系统从周围环境中取得物质、能量、信息而发展自身的功用。小微企业文化功能有很多,但主要是以下几个。

(一)导向功能

所谓导向功能就是小微企业文化对企业的领导者和员工的引导作用。小微企业文化的导向功能主要体现在以下两个方面。

1.经营哲学和价值观念的指导

经营哲学决定了企业经营的思维方式和处理问题的法则,这些方式和法则指导经营者进行正确的决策,指导员工采用科学的方法从事生产经营活动。小微企业共同的价值观念使领导和员工对事物的评判形成共识,有着共同的价值目标,为着他们所认定的价值目标去行动。

2.企业目标的指引

企业目标代表着企业发展的方向,没有正确的目标就等于迷失了方向。完美的企业文化会从实际出发,以科学的态度去制定企业的发展目标,这种目标具有可行性,企业员工就是在这一目标的指导下从事生产经营活动。

小微企业文化是一个企业的价值取向,规定着企业所追求的目标。卓越的小微企业文化,规定着企业崇高的理想和追求,总是引导企业去主动适应健康的、先进的、有发展前途的社会需求,并使企业取得胜利。拙劣的小微企业文化使企业鼠目寸光,总是引导企业去迎合不健康的、落后的、没有发展前途的社会需求,最终使企业失败。

(二)凝聚功能

企业文化的凝聚功能,是指当一种价值观被该企业员工共同认可后,它就会成为一种"黏合剂",把全体员工团结起来,从而产生一种巨大的向心力和凝聚力。小微企业文化实际上是小微企业全体员工共同创造的群体意识。建设小微企业文化,最主要的是培育企业全体员工所认同的价值观。只有得到职工的认同,企业才会有凝聚力,竞争力才会增强。

这里要对公平的含义做一个全面的理解。人们对公平的认识通常有三种。其一,平均分配是公平;其二,机会均等是公平;其三,收入分配差距合理是公平。第一种认识只能在特定的环境下才能成立。比如一个城市缺水时,政府向市民以统一标准份额供应水。第二种认识要求大家都站在同一起跑线上。第三种认识的局限体现在难以确定合理差距。除以上三种认识之外,其实还有第四种对公平的认识:公平来自认同。不论在什么情况下,大家看法一致、认同一致,就能体现公平。每个人都是群体的一分子,你对群体认同了,公平感就产生了。例如:在一个家庭里有三个孩子,老大只上了中学就工作了,老二上了大学,老三不仅上了大学还出国留学了。在另一个家庭里,常常是老大穿新衣,老二、老三穿旧的。这两个家族中的孩子从没有感到自己受到不公正的待遇,这就是出于对父母的谅解,对家庭的认同。小微企业文化具有培育认同感的功能,从而起到了凝聚作用。[①]

(三)约束功能

企业文化的约束功能,是指企业文化对每个企业员工的思想、心理和行

---

① 厉以宁.搭建企业文化新平台[N].经济日报,2002-02-21.

为具有约束和规范的作用。没有规矩,不成方圆,小微企业文化的约束,不是强制性的约束,而是一种软约束。这种软约束产生于小微企业中,弥漫在小微企业文化的氛围里,形成一个群体的行为准则和道德规范。

(四)激励功能

激励功能是指运用激励机制和艺术,使员工产生一种高昂情绪及奋发进取的力量。企业文化的激励功能,是指通过以人为中心的软性管理,强调尊重人、相信人,发挥非计划、非理性的感性因素在企业管理中的作用,最大限度地开发人的潜能、激发企业员工的积极性和创造性。而且共同的价值观使每个员工都感到自己存在和行为的价值,自我价值的实现是对人的最高精神需求的一种满足,这种满足必将形成强大的激励。发挥企业文化的激励功能,最有效的途径是坚持精神激励和物质激励相结合的原则,强化整体激励机制。

四、小微企业文化的类型

分析企业文化类型有助于我们认识小微企业文化的丰富多样性和具体的个性本质,对于制定正确的企业文化战略,推动小微企业的管理变革与更新,具有重要指导意义。

（一）风险型企业文化

风险型企业文化，又称"强人型企业文化"，它形成于高风险、对市场反应快的小微企业。常见于以下行业：建筑、化妆品、广告、影视、出版、体育用品等。

这类小微企业要冒很大的风险，而对于所采取的行动是正确或者错误，又能迅速得到反馈。如拍一部电影，要冒着耗资数千万元的风险，是否卖座在一年内就一目了然。因此，在这类企业中往往形成一种独特的文化，它的特点是：以成败论英雄，崇尚个人英雄主义，谁孤注一掷并取得成功，谁就是公司英雄；要求员工坚强、乐观、敢于冒高风险，以承担风险为美德，时刻保持强烈的进取心；企业鼓励竞争和创新，对过失不追究并承认其价值。

践行这类小微企业文化的主体往往是年轻人。他们的着眼点是速度而非持久性。他们都是敢得到一切或失掉一切的高风险偏好者。无可否认，风险型小微企业文化有许多优点，如能够适应高风险、变化快的环境，勇于竞争等。但这种文化存在一些不成熟的方面，例如：往往不把资产投放在长期项目上，认为长期投资没有价值，过分注重企业的短期行为；公司奖赏目光短浅的个人，忽视那些厚积薄发的人；人人追求个人成功，争当个人明星，置公司精神于脑后。在这类文化中那些短期内失利的人的辞职率很高，所以这类企业很难形成强烈的有凝聚力的文化。

（二）工作娱乐型企业文化

工作娱乐型企业文化又称"拼命干，尽情玩型企业文化"，这种企业文化形成于风险极小、反馈极快的小微企业，如房地产经纪公司、计算机公司、汽车批发商、大众消费公司等。

工作娱乐型企业文化的表现形式是：

（1）企业员工工作时拼命干，娱乐时拼命玩。

（2）具有顾客至上的经营理念。如果说风险型企业文化建立在"寻找一座大山然后爬上去"的原则上，那么工作娱乐型企业文化则建立在"寻找一种需要然后满足它"的原则上。保持良好的客户服务是大多数具有这种类型企业文化的组织的一种信念。

（3）这类企业中的成功者往往是超级推销员，他们对人友好、善于交际。

工作娱乐型企业文化的优点是：适合完成工作量极大的工作。缺点是这类文化往往导致员工缺乏敏锐的思考，特别是当企业陷入困境时，员工不会寻求问题的症结及解决问题的途径，而是跳槽出走，另谋高就，无法长久地和企业患难与共。

（三）下注型企业文化

下注型企业文化亦称"攻坚型企业文化"，形成于风险大、反应速度慢的小微企业，比如生物工程、航空航天方面的小微企业。这些小微企业往往得投资几百万元，需要几年的时间去开发、研究和实验，才能判断某个项目是否可行。

下注型企业文化的表现形式是下注者对于每个举动都十分小心谨慎，仔细权衡、深思熟虑，因为每个错误的决策都有可能使其垮台。但一旦下定决心，就不会轻易改变决定，即使在几乎没有反馈的情况下仍然具有实现远大志向的精力和韧性，不会因一次错误的投资而一蹶不振。在这类小微企业的会议上，不同层次的人员严格地按指定的位置坐好，只有高级主管人员发言，决策自上而下进行，他们不能容忍不成熟的行为。下注型企业文化通常着眼于未来，崇尚创造美好的未来。

毫无疑问，这类型小微企业文化可产生高质量的发明和重大的科学突破，从而推动国民经济向前发展。它们是缓慢推进的，并不能进行大范围的尝试，也不可能在一种快速反馈的环境中迅速地运行。但小微企业应付经济形势的短期波动的能力和对投资回收的等待能力是相当薄弱的。

（四）过程型企业文化

过程型企业文化形成于风险小、反馈较慢的企业，如保险公司、金融服务组织、公共事业公司及受到严格控制的药剂品企业等。这类小微企业所进行的任何一笔交易都不大可能使公司破产。

顾名思义，过程型企业文化注重过程和细节。在这种小微企业文化中，员工遵纪守时，谨慎周到，严格按程序办事。如填写备忘录和记录文件，他们会尽量把每道工序乃至每个细节做得无懈可击，但他们从不关心自己的工作结果。他们写的备忘录和报告几乎得不到任何反馈，送出之后似乎消失得无影无踪。在这种小微企业文化中，仪式体现严格的等级观念，如一个人的办公室设施严格按照他的升职而及时升级,而不会早一天或晚一天升级。具有过程型企业文化的组织往往比较稳定,但过于保守,官僚主义盛行。

以上这四种企业文化类型的划分是一种理论上的划分。任何一个小微企业,都不会完全属于某一个类型,相反,很可能是四种类型的混合。比如市场部门是风险型企业文化,销售部门和生产部门是工作娱乐型企业文化,研究和发展部门是下注型企业文化,会计部门则是过程型企业文化。这四种企业文化模式各有利弊,如何扬长避短,去迎接小微企业未来的竞争和挑战,是小微企业管理的一个重大课题。

事实上,不同的小微企业,由于其所处内外环境的不同,会形成不同的企业文化。但这些小微企业文化有一些共同的特征:强调以人为中心、具有管理的功能、长期积累形成、全体员工共同享用,并且体现了民族、地域特征。

我们不妨来看一下知味观的案例。①

知味观是杭州饮食服务集团有限公司下属的一家餐饮企业,1993年知味观被评为"中华老字号",1997年被评为杭州市十佳酒店,1998年被确定为旅游涉外定点餐饮企业之一。目前,扩建改造后的知味观以崭新的姿态展现在世人的面前,营业面积达1.1万平方米,投入近亿元,硬件设施堪称一流。

在担任知味观总经理之前,戴宁在杭州市政府研究室任职。从宏观政策研究到餐饮服务企业的具体经营,这是一个极大的反差。朋友们半开玩笑地叫他"烧饼油条公司经理"。戴宁不服气,难道餐饮业只有烧饼油条?

---

① 餐饮品牌查询网.百年老字号焕发新活力:江南名吃知味观领航人戴宁.[EB/OL].(2019-07-30)[2020-09-01].https://www.canyincha.com/news/story/433.html.

但是，他在一头扎进公司后，却陷入了深深的思索之中。由于历史原因，餐饮行业的从业者文化水平普遍偏低。许多老师傅从十三四岁就开始做学徒，缺乏基本的文化知识，有的连菜谱都写不清楚，教徒弟只凭口传心授。这种局限，不仅影响着外人对餐饮业的看法，更制约着餐饮行业自身的发展和提高。

直到今天，已经熟谙餐饮业的戴宁仍感慨颇多。他说："我进入餐饮行业20年了，目睹了这一行业的博大精深、兴盛繁荣，也深深体会到这个行业太需要文化了。有文化和没文化不一样，人的素质决定行业水平。"

戴宁决定，先从改变人员素质入手。他亲自出马，从学校招来一批应届毕业生，并为他们找来德艺双馨的师傅，将他们作为骨干重点培养，每逢有烹饪比赛或外出学习的机会，都尽量安排他们参加。在培养新生力量的同时，戴宁同样注重调动老师傅们的积极性，鼓励他们发挥余热，编菜谱、搞培训、研究创新菜，使口传心授的技艺得到广泛流传，发扬光大为全行业、全社会的财富。

戴宁认为，弘扬老字号的饮食文化，要搞好老字号的品牌建设。而企业文化是造就品牌的前提，也是拓展品牌的保证。在一系列的品牌经营活动中，戴宁将他的"企业文化造就品牌"的经营理念发挥得淋漓尽致。他认为知味观的传统广告语"知味停车，闻香下马"，停留在产品阶段，还可以得到进一步发展、充实、提高。新的广告语，应该上升到理念阶段、文化阶段、精神阶段。

知味观一直秉承企业的悠久历史底蕴、品牌文化和管理理念，在企业文化塑造上做到一丝不苟，严格要求，大胆创新。从物质文化、行为文化、制度文化和精神文化四个方面为企业文化建设道路勾画出更加灿烂美好的宏伟蓝图。

每个小微企业都必须建设自身的企业文化,因为国家未来的财富在很大程度上由企业的文化来决定,也因为企业要加强自身的竞争能力。小微企业唯有发展出一种文化——这种文化能激励在竞争中获得成功的一切行为——才能在竞争中成功。每个企业都必须为它的员工和管理者制定出一套文化的发展计划。凡能正确掌握在未来环境中影响企业文化的内外力量,并能采取对应措施的人,才能在竞争中获胜。

小微企业要想健康发展,企业文化是非常重要的。如果小微企业没有自己的企业文化,就没有办法对其员工进行相应的约束,也就没有办法具体地告诉其员工,哪些事情是应该做的,哪些事情是不应该做的。如果小微企业没有自己的企业文化,员工就不知道如何处理企业的正常业务,只能按照领导的意思去做。久而久之,员工就不会把心思放在企业的业务之上,而去揣摩领导的心思,搞人际关系,这样做的结果势必对企业健康的发展产生不利的影响,最终导致企业的衰落。

对小微企业来说,最重要的是如何将企业文化落实下去,让企业里面的每名员工都能深刻地体会到企业文化对本企业发展的重要性。只有当员工深刻认识企业文化,处处以企业文化来严格要求自己,企业文化才能真正地发挥作用。

第三章　小微企业家与小微企业文化

2017 年,《中共中央 国务院关于营造企业家健康成长环境弘扬优秀企业家精神更好发挥企业家作用的意见》正式发布,这是中央首次以专门文件聚焦企业家这一群体。2019 年,中共中央办公厅、国务院办公厅印发的《关于促进中小企业健康发展的指导意见》中指出,要重视培育企业家队伍,树立优秀企业家典型,大力弘扬企业家精神。企业家精神的重要内涵包括以下三个方面:第一,弘扬企业家爱国敬业、遵纪守法、艰苦奋斗的精神;第二,弘扬企业家创新发展、专注品质、追求卓越的精神;第三,弘扬企业家履行责任、敢于担当、服务社会的精神。提升企业道德的关键在于培育企业家精神,发挥领导者的道德领导力。

创办企业之路是充满艰险与曲折的,创业是企业家主导和组织的商业冒险活动。要成功创业,不仅需要企业家富有开创新事业的激情和冒险精神、面对挫折与失败的勇气和坚忍,还需要具备解决创业活动中各种问题的知识和能力,以及各种优良的品质素养。正因为创业之路不会一帆风顺,所以只有具有处变不惊的良好心理素质和愈挫愈强的顽强意志,才能在创业的道路上自强不息、竞争进取、顽强拼搏,才能闯出属于自己的一片天。那些成功企业家、创业者在品质与能力上,都有其共同点。

一、小微企业家的基本素质

素质一般是指某一岗位上的员工从事该岗位工作所应具备的基本素养,包括先天的和后天的。先天的主要指生理特征和心理特征,后天的主要指学识、专业技能、积累的实践经验等。小微企业家的素质是指企业的领导者在领导工作时那些经常起作用的共同特征,是小微企业家应具备的各种条件的总和,包括德、识、才、学、体等。

(一)小微企业家的心理素质

正因为创业之路不会一帆风顺,所以如果不具备良好的心理素质、坚忍的意志,那么遇到挫折时就会垂头丧气、一蹶不振。只有具有处变不惊的良好心理素质和愈挫愈强的顽强意志,才能在创业的道路上自强不息、竞争进取、顽强拼搏,才能闯出属于自己的天空。凡是足球迷都知道,中国男子足球队总被嘲笑有"恐韩症",几十年来中国男子足球队对阵韩国男子足球队胜率不高。究其原因,不管是队员还是教练都会很不服气地说:"不是咱技术不如人,只是心态有问题罢了。"让人听了不禁莞尔一笑,难道心态不是一支球队所应具备的最重要的素质吗? 其实不管干什么事情,心理素质是根本,其他素质只是枝干而已。心理素质好,其他素质才能发挥出来,发挥得好;心理素质不好,其他素质再好也没用。对于一个企业家来说,心理素质尤其重要,因为创业的压力不是常人所能忍受的。

1.积极的创新意识

创新意识是指,人们根据社会和个体生活发展的需要,获得创造前所未有的事物或观念的动机,并在创造活动中表现出意向愿望和设想。它是人类意识活动中的一种积极的、富有成果性的表现形式,是人们进行创造活动的出发点和内在动力,是形成创造性思维和创造力的前提。

成功的创新型企业家往往能够打破常规、突破传统,具有敏锐的洞察力、直觉力、丰富的想象力、预测力和捕捉机会的能力等,从而使思维具有一种超前性、变通性。具体来说,他们往往有着:独立的人格意识,积极参与的热情,强烈的好奇心,合理的知识结构,广泛的兴趣爱好,独特的个性特长,高级的审美意识,顽强的意志,大胆的冒险探索精神,良好的道德品质,勤奋踏实、积极进取的学习态度,团结协作的精神与协调指挥的能力,较强的模仿力,敏锐的观察力,丰富的想象力,超前的创造思维,较强的实践动手能力,严密的逻辑推理能力、数理分析能力和处理信息的能力等。

2.强烈的创业信念和热情

心态,尤其是关键时候的心态,导致了人生道路的巨大差异。要想取得创业的成功,小微企业家必须具备自我实现、追求成功的强烈的创业意识。强烈的成功欲望是创业的最大推动力。首先,强烈的创业意识,能够帮助创业者克服创业道路上的各种艰难险阻。创业的成功是思想上长期准备的结果,事业的成功总是属于有思想准备的人,属于有创业意识的人。小微企业家只有具备强烈的创业信念和创业热情才能使其思想进入一个新境界,才能有竭力尽智多做工作的主观能动性。这种主观能动性是企业家干事业、冒风险、攀一流的内在驱动力。著名经济学家约瑟夫·熊彼特曾说:"企业家既要显示个人成功的欲望、显示自己的才华出众,又要竭力争取事业上的成就。"内在驱动力首先会促使他们树立起坚强的道德观念,培养出坚定的个性和勇气,使他们能成为不屈不挠的独立创业者。其次,提高了小微企业家的影响力。企业的事业不可能凭某个人的一己之力完成,优秀的企业家还得靠其他人的协助和努力才能实现自己的目标。小微企业家的创业信念和创业热情会影响员工,使员工为实现企业的目标而努力,并从成功中受到鼓舞。

3. 顽强的风险抵抗力

从企业家的内涵看,小微企业家必须有风险意识。作为企业生产经营的主要指挥者、决策者,小微企业家对关系到企业兴衰成败的经营决策起着决定作用。企业生产什么?所生产的产品如何销售?企业产品生产能力的提升或下降,生产品种的增加或淘汰,产品价格的提高或降低,新技术、新设备、新工艺的选择,应用市场的开发和占领,企业发展战略的制定和实施等决策,都存在着巨大的、不确定的风险。决策的成功与否关系到企业的命运,还关系到小微企业家本人的荣誉、地位和利益。决策失误带来的后果可能是倾家荡产,甚至负法律责任。做小微企业家本身就意味着风险,企业家的行业就是一个充满风险的行业。

（二）小微企业家的知识素质

企业家的知识素质是小微企业家领导能力、管理能力、指挥能力的基础。因为企业家的思维方法和思维能力、判断方法和判断能力、决策方法和实施能力、创新意识和用人能力等都要靠知识。企业领导艺术是一门综合性的应用学科，它和许多知识有密切的关系。实践证明，良好的知识结构对于能否成功创业具有决定性作用，企业家不仅要具备必要的专业知识，更要掌握现代科学、文学、艺术、哲学、伦理学、经济学、社会学、心理学、法学等各种知识。从知识的需要和深度、广度、掌握程度上分析，我们认为企业家应当通过学习努力形成一种"T"形知识结构。

1.基础知识

(1)学习党和国家制定的各项方针、政策、法律、规定

重点是学习经济方面的法律和规定，如公司法、合同法，财政、金融、税收、物价法规，专利法和知识产权法，涉外法规，对外贸易法，环境保护法等有关法规，使自己既能知法、不违法，又能充分利用法律维护自身利益。

(2)学习社会科学、自然科学方面的知识

①社会科学知识

学习马克思主义的政治经济学、科学社会主义、伦理学、历史、文学及美学等学科的基本知识和常识。通过学习了解社会、了解人，提高自己的领导艺术和组织才能，陶冶自己的情操，丰富内心世界，提高自身的品质和修养。

②自然科学知识

小微企业家应掌握中等水平以上的数学、物理学、化学、生物学、地理学知识,了解机械学、金属工艺学、电子学的一般理论常识,懂得制图和计算机原理及应用知识。要学好与本企业业务相关的专业技术知识,经过高等专业培养和系统的理论教育。比如一个煤厂小老板,至少要懂得从选矿到采矿、烧结、炼铁、焦化、炼钢、铸造、轧钢的全部过程的工艺和原理。小微企业家要尽可能成为本行业的专家。

2. 专业知识

(1)掌握现代管理的基础知识和主要方法

掌握计划管理、财务管理、劳动管理、生产管理、质量管理、技术管理等基础知识;懂得现代化管理的主要方法,如目标管理、价值工程、系统工程等;知道世界企业管理的发展史,特别是几种世界著名的管理学说,如以弗雷德里克·泰勒为代表的"科学管理"、以乔治·梅奥为代表的"人际关系"学说,以及其他各种学说的基本观点、产生背景、局限性。

(2)懂得行为科学、心理学、公共关系学和人才学

行为科学、心理学是研究人的理论,企业管理的实质是对人的管理。强调以人为中心的管理方式,需要研究人,学习运用心理学、行为科学的理论。掌握使用方法,通过研究人的心理和行为,做好人的工作,引导员工为自己的需要而努力工作,并把员工个人的目标同企业的目标统一起来,以激发员工的动力。通过对不同人的心理研究,有针对性地做好思想工作,发挥人的主观能动性,从而提高企业的生产力和经济效益。

通过学习公共关系学,掌握公关技巧,可以有效地交流信息,增进与公

众的相互了解,倾听意见,减少隔阂,协调好企业内部和外部的关系。扩大企业的横向联系,提升企业的影响力和知名度,树立企业的良好形象,取得公众的谅解和支持,从而促进企业的壮大和发展。

识别、选拔、使用人才是企业家的主要职责,学习人才学可以使企业家的识才、育才、用才水平从主观意识阶段上升到理论认识阶段。了解人才的类型,掌握识别人才的方法,懂得管理人才的基本原则,清楚人才成功的内、外在因素,从而自觉地培养和吸引人才,为企业的兴旺和发展创造良好条件。

（3）学习组织领导学

小微企业家属于管理的最上层,要对整个企业的工作有战略眼光、全局观念和决策能力。领导学从整个组织的角度,研究如何组织、如何用人、如何决策,以达到领导者和被领导者之间的协调和一致性。学习掌握组织领导学,小微企业家就能从理论上提高规划能力、预见能力、判断能力、组织能力、交往能力、思维决策能力和调动下属积极性的能力。组织领导学使得企业家如虎添翼,能自如、灵活、准确、有力地领导小微企业,不断地壮大发展小微企业。

（4）懂得互联网商业模式

随着科技和意识的发展,互联网的地位可谓是水涨船高,互联网渗入了人们生活中的每个细节,互联网、移动互联网、大数据……这些都是现代商业的趋势。在社会进入了互联网时代后,小微企业家更要时刻把握互联网发展趋势,了解互联网知识,灌输互联网理念,以互联网为媒介,整合传统商业类型,连接各种商业渠道,如此一来,小微企业才能在互联网环境中更好地生存与发展。

（三）小微企业家的能力素质

能力素质是企业家整体素质中最核心、最实际的素质,是企业家综合素质的真实体现。

所谓企业家的能力,就是企业家驾驭本企业的本领。这种本领是根据企业生产发展中的需要提出的:一是创新能力,二是决策能力,三是组织能力,四是控制能力,五是协调能力,六是指挥能力。当然还有其他能力,但主要是这6种。针对小微企业家的能力素质很难有一个确定的提法,现代管理学研究者认为,作为小微企业家应当尽可能地提高这几方面的能力,并根据自身的气质、性格、特征突出其中某些方面的能力,从而成为有个性、有作为的企业家。

1.创新能力

除了要具备创新意识,企业家还要具备创新能力,这是企业家青春活力的源泉,失去了创新能力,企业家很快就会失去活力,甚至职业生命。所谓创新能力,就是企业家在生产经营活动中,善于敏锐地觉察旧事物、旧方法的缺陷,准确地捕捉新事物的萌芽,提出大胆、新颖的推断和设想,继而进行周密的论证,拿出可行的解决方案的能力。

创新能力表现为以下几个方面的内容:

（1）敢于冲破传统观念和习惯势力的束缚,不断创新的精神;

（2）勇于接受新事物的胆略;

（3）大胆尝试新管理体制、创造新管理模式和管理方法的魄力；

（4）适应市场竞争，采取灵活多变的竞争战略、战术；

（5）不断地发掘出企业各环节蕴藏的效率和潜力，从而使企业迸发出新的生命力。

一个人的创新能力与本身的内在气质有很大关系，小微企业家要在改革中不断创新，积极进取，应该培养以下四个方面的能力：

（1）敏锐的观察力；

（2）立体和辩证思考的能力；

（3）独立思考、巧于变通的能力；

（4）脚踏实地、敢作敢为的能力。

2.决策能力

小微企业家日常面临最多和最重要的就是抉择，所以决策能力是小微企业家各种必备能力中的核心能力，是小微企业家根据外部经营环境和企业内部经营实力，从多种方案中确定企业发展方向、目标、战略的能力。具体包括四点：第一，发现问题、提出问题的能力；第二，善于冷静地分析的能力；第三，决策优化能力，就是从多个可行性方案中抉择、取舍，使决策方案尽可能为最优方案的能力；第四，自检能力，就是在方案决策实施过程中检查其可行性的能力及受外部条件约束时调整、修正方案的能力。

要提高决策能力，小微企业家应当注意在以下几个方面加强自己的修养。

（1）开拓创新，慎重果断。只有具备开拓创新的意识，有改革现状的迫切性,才能敏锐地发现和提出问题,大胆地、创造性地进行决策。

(2)谦虚博学,实事求是。知识渊博并巧于运用,才能在决策时做到思虑周全。

(3)相信群众,民主决策。要善于深入实际,吸取员工的智慧,支持员工的创造精神,广泛征求各个方面、各层次人员的各种意见,集思广益,甚至吸取反面意见,发挥决策组织作用。

(4)按科学决策程序进行决策,这是科学决策的重要保证。一般情况下,要经过调查研究、确定决策目标、制订方案、方案选优、方案实施和信息反馈等阶段,才能做出科学的决策。

3.组织能力

组织能力是小微企业家为了有效地实现企业目标,把小微企业生产经营活动的各个要素,包括人、财、物、外部环境和条件等各个要素,从纵横交错的关系上,从时间和空间的联系上,有效地、合理地组织起来的能力。具体有以下几项。

(1)组织分析能力。即结合实际进行系统分析,并对分析的结果做出估价的能力。

(2)组织设计能力。主要指针对企业的实际提出组织管理改革的系统设计和模式框架,具体处理好相关关系的能力。

(3)组织变革能力。包括评价改革方案能力、组织方案实施能力和执行改革方案能力。

4.控制能力

控制能力是指小微企业家运用各种手段(包括经济的、行政的、法律的、教育的手段)来保证小微企业经营活动正常进行,保证经营目标如期实现的能力。控制能力包括三方面内容。

(1)自我控制能力。就是通过检查自己所做的工作,清楚哪些做对了,哪些做错了,错了的如何改进,对的怎样巩固和发展。

(2)目标设定能力。设置的目标要有一定的实现难度,但又要在能力范围之内,设置的目标应明确且具体,是可以被衡量的,是能被员工所认可的。

(3)差异发现能力。差异发现能力是控制能力中的一项重要内容,就是对事物的处理执行结果和设定目标间产生的差异能及时测定或评议的能力。要实现有效的控制,小微企业家必须把实际完成和目标之间的差异控制在最小范围,以保证目标计划的准确性。

5.协调能力

协调能力是指解决各方面矛盾,使全体员工为实现企业经营目标,密切配合、统一行动的能力。具体包括以下三方面的内容。

(1)善于解决矛盾的能力。在小微企业纷繁的矛盾中,小微企业家要善于分析矛盾产生的原因,以及主要矛盾和矛盾的主要方面,并提出解决矛盾的对策。

(2)善于沟通情况的能力。小微企业内部生产经营活动中出现不协调的情况往往是由没有沟通或信息反馈不及时造成的。所以小微企业家要及时地了解情况,善于和各方面沟通。

(3)善于鼓动和说明的能力。小微企业的目标确定之后,要使目标变成全体员工的行动,小微企业家必须把自己的思想变成全体员工的思想。这种统一思想的过程是宣传、鼓动、说服的过程,要求小微企业家有一定的演说技能和较强的语言表达能力,通过深入浅出、通俗易懂的宣传,把自己的思想、观点,贯彻、渗透到职工的心中,使之变成全员的思想。

6.指挥能力

指挥能力是指小微企业家在生产经营活动中,运用职务权限,按照计划目标的要求,通过下达命令,对下级进行领导和指导,把各方面工作统筹起来的能力。主要包括两方面内容。

(1)正确下达命令的能力。命令是指挥的一种重要手段,没有命令就谈不上指挥。而没有正确的命令也无法实现有效的指挥。

(2)正确指导下级的能力。这是正确下达命令后,让下级理解命令的意图和重要性,指导下属正确地贯彻和实施的能力。

(四)小微企业家的身体素质

现代企业家工作异常繁忙,肩上的担子日益沉重,因此小微企业家除了要有良好的心理素质之外,还必须要有健康的体魄、充沛的精力、较高的智力水平。

1. 健康的体魄

就是要求小微企业家具备短时间同工人一起劳动的体力、长途旅行的体力,应付社会活动、人际交往的心力,对小微企业所在地恶劣自然环境和条件的适应能力。

2. 充沛的精力

精力充沛就是指企业家思维敏捷、反应迅速、办事效率高、经较长时间的体力和脑力劳动而不知疲劳。

3. 较高的智力

就是要求小微企业家的智商较一般人更高,智力包括记忆能力、综合分析能力和推断能力。

只有具备充沛的精力和充足的体力、高超的智力及强大的心理,才能担负起创办企业的重任,才能在任何情况下保持健康的心理状态,思维、情绪不受影响。比如:紧急情况下能冷静、心绪不乱、不急躁、不失态,判断准确,应变自如,指挥若定;在困难面前,能迎难而上,挺得住、看得远、坚定、自信,有坚强的意志力;在冲突事件和挫折面前能镇定自若,不灰心、不气馁。

二、小微企业形象

　　小微企业家作为小微企业领导者和小微企业文化最重要的创造者、倡导者,应该树立起用小微企业形象塑造小微企业文化的意识。小微企业文化与企业形象是两个相互包含的概念和范畴,是一种你中有我、我中有你的相辅相成的关系,二者共同构成小微企业的精神资源。小微企业形象是小微企业文化的一个重要组成部分,是小微企业文化的展示和表现,是小微企业在社会或市场上的认知和评价。而小微企业文化是在企业理念指导下,小微企业运行过程中,由员工群体所创造的并得到全体员工认可的价值标准和行动规范的总和。塑造小微企业形象有助于建立小微企业文化。

(一)企业形象的具体表现

　　企业形象指社会公众和企业职工对企业整体的印象和评价,是可以通过公共关系活动来建立和调整的。企业形象的构成因素很多,具体可表现为以下 6 种。

1.产品形象

　　指产品的质量、性能、价格及设计、外形、名称、商标、包装等给人的整体印象。①

2. 职工形象

指职工的服务态度、职业道德、进取精神及装束、仪表等精神面貌给外界公众的整体印象。

3. 主观形象

指企业领导者想象中的外界公众对企业所持有的印象。

4. 自我期望形象

指企业内部成员,特别是企业领导希望外界对本企业所持的印象。

5. 实际形象

指外界对企业现状所持有的印象,是企业的真正形象。

6. 公共关系形象

指企业通过公共关系活动的努力,在公众心中留下的对企业本身的

---

① 刘建明.宣传舆论学大辞典[M].北京:经济日报出版社,1993.

印象。

企业形象的内容是全面的,它不仅仅是企业产品的形象,而且是企业总体文化的表现,涉及的因素比较多。因而对涉及小微企业形象的部门,应充分考虑小微企业自身的特点,以及公众的心理需求、兴趣和习惯,进行科学的规划和设计,以确保小微企业形象与众不同、独具一格。

苏宁一直非常注重对员工的全面培养,始终把人才培养作为企业人力资源管理的基础工作。2011 年 8 月 27 日,苏宁创建江苏省第一所示范性企业大学——苏宁大学,旨在培养百年事业的接班人。而在苏宁大学的第一课上,新员工学习到的就是如何塑造"苏宁人"的形象,学习手册中包含大量关于企业形象的培训学习任务。

(二)企业形象识别系统

企业形象识别系统(Corporate Identity System,以下简称 CIS),是一种改善企业形象的经营技法,指企业有意识、有计划地将自己企业的各种特征向社会公众主动地展示与传播,使公众在市场环境中对某一个特定的企业有一个标准化、差别化的印象和认识,以便更好地识别。

企业形象识别(Corporate Identity,以下简称 CI)主要包括企业理念识别(Mind Identity,以下简称 MI)、企业行为识别(Behavior Identity,以下简称 BI)、企业视觉识别(Visual Identity,以下简称 VI)三大部分,见下图 3-1。

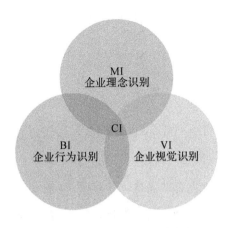

▲ 图 3-1 企业形象识别系统

1. MI

MI 是理念识别，也是整个 CI 的核心与灵魂，在结构图的"品"字排序中处在上方位置，它统领着整个 CI 的走向与日后的发展，BI 与 VI 都是它的外在表现。MI 包括经营宗旨、经营方针、经营价值观三个方面内容。

2. BI

BI 主要包括市场营销、福利制度、教育培训、礼仪规范、公共关系、公益活动等内容。在 CI 的传播过程中最重要的媒体，不是电视、报纸、电台、杂志等信息载体，而是企业中的人！企业中的人是 CI 的执行与传播者，他们在生产经营的过程中，通过自己的行为将企业自身形象展示给社会、同行、上下游的合作方、目标客户群，从而树立了企业的形象。BI 正是对企业人的行为进行规范,使其符合企业整体形象的要求。

3.VI

VI 是 CI 中最鲜明的一部分,以致很多人会错误地把 VI 当作 CI 的主体。对企业的整体进行个性化设计,通过 VI,可以对企业的经营理念、企业精神及企业的特征进行充分的表达。可以让 VI 的设计深入每个细节,例如企业的工作服、水杯、雨伞、徽章、工作牌等,从方方面面来表达产品,彰显企业形象。通过 VI 设计可以使得客户更加直观地了解企业所传达的信息,好的 VI 设计不仅可以对企业的产品和服务带来良好的展示效果,而且可以使得企业的品牌形象更加具有辨识度,成为企业的权威性和标志性的体现。

(三)小微企业理念和小微企业文化的关系

小微企业理念是小微企业文化的核心。几乎所有企业文化的定义都提到价值观,这里的价值观的概念和企业理念的概念基本是一致的。小微企业的成功来自正确的小微企业理念,作为核心的小微企业理念无时不在起指导作用。没有小微企业价值观、小微企业理念,小微企业文化起码是低层次的,也是没有小微企业特色的。

小微企业理念统驭小微企业的行为、经营方向及小微企业与外界的联系。换言之,小微企业理念指导小微企业的内部与外部的各项工作,指导小微企业文化的发展方向,影响小微企业文化的形成、传播和发展。

小微企业的物质文化,如典礼、仪式、企业英雄(劳模)等,都是小微企业理念的外化、直观感觉形象。

此外,小微企业理念一般都强调人的核心作用。企业英雄作为他人学习的榜样和敬重的对象,他们的一言一行都体现企业价值观念。企业英雄是一种象征,同样体现出企业人的完美理想。有了企业英雄,企业理念所强调的凝聚功能便有了现实的导向,所以企业英雄也是企业文化的重要内容。

三、小微企业家与小微企业文化的关系

古人云"千军易得,一将难求",这句话突出并强调了"将"的重要性。即有了合格的队伍,若没有一个优秀的统帅将领,那么军队也是不能打胜仗的,因为这支军队缺少一个关键的因素——精神支柱。而对于小微企业来说,小微企业家就是"千军"的统帅,也是小微企业的精神领袖,他们的个人精神素质对小微企业的发展起着至关重要的作用。

(一)小微企业家是小微企业文化建设的第一主体

在企业文化建设的过程中,小微企业的员工作为一个整体处于主体地位,而小微企业家是企业文化建设过程中当然的第一主体,这是由小微企业家在企业中的地位和作用所决定的。小微企业家在工作中要担当各种角色。比如,在信息方面:小微企业家既是信息的接受者,每天都要摄取和处理大量外来信息;又是信息的传播者,与下属分析研究信息;同时还是信息的发布者。又如在人际关系方面:小微企业家首先是以本企业的首脑身份,代表小微企业参加庆典、接待客人、签署文件;其次充当领导人,负责对下级的雇用、评价、激励、干预等;再次是充当联络者,通过各种渠道与外界沟通联系;最后,小微企业家又是企业的决策者,承担更重的责任。

从现代企业制度所要求的企业内部组织结构来看,企业家总是处于最核心的地位,一边参与经营决策,一边组织实施执行,毫无疑问是企业经营管理的中枢人物,是拥有企业行政管理权力,自主地从事经营活动并承担经营风险的人。其主要任务是组织和利用各种人力、物力和财力资源创造具有生命力的企业,是企业经营活动的总指挥。小微企业家的这种实际上的领袖地位决定了其在小微企业中备受瞩目,其个人意志、精神、道德、风格等因素更容易得到员工的广泛认同和传播,由此形成自觉追随,以致小微企业的目标和宗旨、小微企业的价值观、小微企业的作风和传统习惯、行为规范和规章制度都深深地打上了小微企业家的个人烙印。

(二)小微企业家是小微企业文化生成的关键因素

在小微企业的创建初期,小微企业家总是基于其个人文化假设提出一些构想,并自觉或不自觉地以这种文化假设影响员工,会聚同道,形成最初的小微企业文化核心群体,由核心群体不断提炼、沉淀的文化信念,将成为企业文化的胚胎。在小微企业的发展过程中,小微企业家的个人假设会借其权力因素和非权力因素的作用得到加倍的强化,逐步内化为员工的共同信念。

（三）小微企业家对小微企业文化的控制

随着全球经济一体化、信息技术和互联网技术的迅猛发展，企业的触角将无所不及，面临多种文化的融入和渗透。因而能否形成高度整合、一以贯之的企业文化，对小微企业将是一个严峻的考验。这时小微企业家对小微企业的"行政领导"反倒退居到次要地位，而能否成功地实现对小微企业的"文化控制"则成为至关重要的问题。"行政领导"主要靠权力因素进行制约，而"文化控制"则是更多地凭借非权力因素施加影响。行政领导下的双方是一种纯粹的利益关系，结成的是一种"利益共同体"；而文化控制下的双方是在文化认同基础上形成的一种"文化共同体"，并进而形成一种"命运共同体"。

（四）小微企业家决定着小微企业文化的生命

小微企业家的生命是有限的，但小微企业家成功创造的企业文化却可以是恒久的。考察一个小微企业的生命力，既要看其发展的现实性，又要看其发展的可能性。同样，检验一种小微企业文化的优劣，除了看其是否能推动小微企业的现实发展之外，还要看其发展的可持续性。这就是有些小微企业昙花一现，活不过几年，而有些小微企业却可以历经几代的原因。从这一意义上说，小微企业文化的生命力取决于小微企业家文化观念的开放程度。一般来说，成熟的企业有成熟的企业文化，但成熟的企业文化也往往容易成为一定发展时期的限制，这种限制将成为企业对内或对外适应性的强大阻碍。小微企业能否冲破这种阻碍,实现质的飞跃,将是具有革命意义的一步。这对小微企业家的洞察力、情感态度都是严峻考验。因为,他们变革的对象正是他们自己。

小微企业家只有彻底开放胸怀,不断地经历一次次涅槃,痛苦地超越自我,才能对小微企业文化进行有效控制和调节,维持小微企业文化的动态平衡,推动小微企业健康、持续地发展。

四、小微企业家文化

著名企业管理大师彼得·德鲁克说:"当今世界,管理者的素质、能力决定企业成败存亡。"[①]一些成功企业的领导者所具备的各种优良品格和素质中,最具光彩和魅力的是他们的现代文明素质,这是企业发展成功的基石。因此,建设小微企业家文化显得十分重要。

(一)营造建设小微企业家文化的环境和氛围

一个成功的小微企业背后必定有一个成功的领导集体、有一位成功的小微企业家,并由此形成文化。要研究小微企业家文化形成的条件与土壤,积极宣传建设小微企业家文化的重要性和必要性,大力提倡和培养小微企业家文化。要满腔热情地宣传小微企业家的创业精神,使关心、支持、尊重

---

① 彼得·杜拉克.杜拉克成功管理全书[M].哈尔滨:黑龙江人民出版社,2002.

小微企业家成为全社会的良好风尚。要尊重他们的劳动,理解他们的甘苦,帮助他们解决困难,支持他们创业发展,营造一种有利于小微企业家脱颖而出、有利于培育小微企业家文化的良好环境和氛围。

(二)建立培育小微企业家文化的制度环境

首先,培育小微企业家文化要与建立现代企业制度相结合。一方面,通过建立现代企业制度,为培育小微企业家文化提供条件和动力;另一方面,如果没有对小微企业家文化的培育,现代企业制度的建立就只能是一句空话。因此,在培育小微企业家文化时,应按照"产权清晰、权责明确,政企分开、管理科学"的要求,建立现代企业制度。其次,要与改革小微企业家任用制度相结合,鼓励小微企业家竞争上岗,同时引入市场机制,向社会公开招聘经营者,建立使小微企业家脱颖而出的环境与机制。再次,要与改革小微企业家培训制度相结合,着重培养他们的开拓创新精神、竞争风险精神。最后要与改革小微企业家考核奖惩制度相结合,经营者与企业形成利益共同体,经营者获得的报酬要与他的经营业绩相对应,从而激发小微企业家内在的工作动力,推进小微企业家文化建设,也通过小微企业家文化建设,推动小微企业做强、做大。

(三)提高小微企业家的现代文化素质

要把培养学习能力作为提高小微企业家队伍素质的关键。每个小微企业家都要树立新的学习理念,增强学习的自觉性,并把学习作为个人一生的不懈追求,从而顺应新时代、新形势、新任务要求,结合工作实际,不断进行知识更新,完善知识结构,以良好的学习精神推动工作创新。企业家精神是小微企业家文化的灵魂,也是社会主义市场经济时代的新文化精神,小微企业家要在经营实践活动中树立产业报国的奉献精神,与时俱进的创新精神,自强不息的敬业精神,求真务实的实干精神,以良好精神境界不断开创企业发展新局面。眼光、胆量、能力是小微企业家必须具备的条件,要在有眼光、有胆量的基础上,不断提高小微企业家管理企业与驾驭市场经济的能力和技能,如决策能力、思维能力、分析能力、组织指挥能力、协调能力、用人能力、融资能力及自我约束能力。不断提高小微企业家现代文化素质,使小微企业家真正能成为事业的实干家、经营的战略家、管理的艺术家、知识渊博的经营专家和颇具风度的外交家。

(四)完善小微企业家文化素质的培育路径

小微企业家的高素质来自不断地学习提高。一方面提倡小微企业家的自我完善。小微企业家的自我完善是指小微企业家在一定外力的作用下进行自我调整、自我塑造和自我提高的一种内在作为,主要包括知识的完善、才能的完善、形象的完善和人格的完善等几个方面。另一方面通过建立培训机制提高企业家文化素质,政府及社会应构建优良的环境机制、优化的培训机制,培训出具有企业家素质的真正适应市场经济的高级管理人才。可采取多种多样的培训形式,如:短期的岗位适应性培训,定期的工商管理培训,学历教育,多渠道合作培训等。

只要有企业存在,就应该有属于企业自己的文化。小微企业文化是一个不断创新的体系,在这种创新中,小微企业家的非凡才能是推动小微企业文化发展的核心力量。不是所有人都能成为企业家,小微企业家通过自己的言传身教,向员工传播企业文化的价值观、工作理念、管理思想等,重视员工的个人感受,激励员工自我价值的实现,凝聚员工的力量向小微企业目标前进。在小微企业家的感染下,所有员工一起加入进来,认同、支持、推广小微企业文化,从而让小微企业更好地完成各项经营目标。

下篇

小微企业文化的建设

第四章　小微企业环境的塑造

　　小微企业文化建设是一个企业的文化理念从发现、创立到传播、发展的过程，是一项长期工程，而且必须有系统性。如果一个小微企业没有自己的企业文化就没有共同的信念，没有信念的企业是难以长期发展的。

　　任何企业都生存于一定的环境之中，并在环境中发展。小微企业在适应环境的同时，又会对环境进行改造。小微企业生存环境的改造是企业文化建设中一个不可忽略的内容，建设小微企业文化，离不开对小微企业生存环境的塑造。

一、企业环境定义

（一）企业环境内涵

企业环境是指一些相互依存、互相制约、不断变化的各种因素组成的一个系统，是影响企业管理决策和生产经营活动的各种现实因素的集合。美国学者迪尔和肯尼迪集中对 80 个企业进行详尽调查后写成的《企业文化》一书指出，企业文化由企业环境、价值（观）、英雄、习俗和意识、文化网络等5 个因素组成。[①] 其中第一个因素说的就是企业环境，他们认为企业环境是形成企业文化的唯一的而且是最大的影响因素。但他们所说的企业环境不包括企业的内部环境，而是指企业所处的极为广泛的社会和业务环境，包括市场、顾客、竞争者、政府、技术等周围的境况。有的学者认为，严格地说，这种作为企业文化的影响因素的企业环境，并不能被视作企业文化的组成因素，而是在企业文化系统之外的东西。

---

① 特伦斯·迪尔，艾伦·肯尼迪.企业文化：企业生活中的礼仪与仪式[M].北京：中国人民大学出版社,2015.

（二）小微企业环境的组成

小微企业环境是指小微企业生存和发展所依赖的各种相关因素的总和。这个定义告诉我们，每个企业生存和发展都要依赖周围其他事物，因为每个企业都不能孤立存在，都同其他事物联系着，而周围其他事物就是这个企业生存和发展的外部条件，即企业的外部环境。同时，每个企业的生存和发展还要依赖其内部各个相关因素，因为企业内部各个因素不能孤立存在，都同其他因素联系着。小微企业内部各个相关因素，就是这个企业生存和发展所依赖的内部条件，即企业内部环境。由上可知，小微企业环境是一个综合概念，它既包括小微企业的外部环境，又包括小微企业的内部环境。

1.外部环境

小微企业外部环境由存在于组织外部、通常短期内不为企业高层管理人员所控制的变量所构成。根据外部环境因素对小微企业生产经营活动产生影响的方式和程度，可将小微企业外部环境分为宏观环境、产业环境、市场环境三大类。这三大类环境彼此关联、相互影响，具有复杂性、动态性和不确定性等特征。

从外部环境是否对小微企业产生直接影响的方面来区分，外部环境可以分为宏观环境和微观环境两大类。宏观环境是指能影响某一特定社会中一切企业的一般环境，对企业的影响比较间接。微观环境是指能更直接地影响某个企业的具体环境。

（1）宏观环境

一般认为小微企业外部的宏观环境因素有五类，即政治法律环境、社会文化环境、自然环境、技术环境、经济环境。

①政治法律环境，是指那些制约和影响企业的政治要素和法律系统，以及其运行状态。政治环境包括国家的政治制度、权力机构、政治团体、颁布的方针政策和政治形势等因素。法律环境包括国家制定的法律及国家的执法机构等因素。政治安稳、法律健全是保障企业生产经营活动的基本条件。

②社会文化环境，是指社会结构、社会风俗和习惯、信仰和价值观念、行为规范、生活方式、文化传统、人口规模与地理分布等因素的形成和变动。

③自然环境，是指企业所处的自然资源与生态环境，包括土地、森林、河流、海洋、生物、矿产、能源、水源等方面的发展变化。

④技术环境，是指企业所处的环境中的科技要素及与该要素直接相关的各种社会现象的集合，包括国家科技体制、科技政策、科技水平和科技发展趋势等。技术环境影响企业能否及时调整战略决策，以获得新的竞争优势。

⑤经济环境，包括中国经济形势、世界经济形势、行业在经济发展中的地位及企业的直接市场等。其中，企业的直接市场是与企业关系最密切、对企业影响最大的环境因素。具体包括销售市场、供应市场、资金市场、劳务市场等。

这些因素关系到企业确定投资方向、产品改进与革新等重大经营决策问题。

（2）微观环境

微观环境主要包括产业环境和市场环境两个方面。产业的生命周期、产业五种竞争力、产业内的战略群体、成功的关键因素等是微观环境分析的重要内容。市场需求与竞争的经济学分析能够深化企业对微观环境的理解与认识。

①产业的生命周期

在一个产业中,企业的经营状况取决于其所在产业的整体发展状况,以及该企业在产业中所处的竞争地位。分析产业发展状况的常用方法是认识产业在生命周期中所处的阶段。产业的生命周期阶段可以用产品的周期阶段来表示,分为开发期、成长期、成熟期和衰退期等阶段。只有了解产业目前所处的生命周期阶段,企业才能决定对某一产业应进入、维持或撤退,才能做出正确的投资决策,才能对企业在多个产业领域的业务进行合理组合,提高整体盈利水平。

②产业五种竞争力

根据迈克尔·波特教授从产业组织理论角度提出的产业结构分析的基本框架——五种竞争力分析,企业可以从潜在进入者、替代品、购买者、供应者与现有竞争者间的抗衡来分析产业竞争的强度及产业利润率。潜在进入者的威胁在于激发了现有企业间的竞争,并且瓜分了原有的市场份额。替代品作为新技术与社会新需求的产物,对现有产业的替代威胁十分明显,但几种替代品长期共存的情况也很常见,替代品之间的竞争规律仍然是价值高的产品获得竞争优势。购买者、供应者讨价还价的能力取决于各自的实力,比如卖(买)方的集中程度、产品差异化程度与资产专用性程度、纵向一体化程度及信息掌握程度等。产业内现有企业的竞争,即一个产业内的企业为市场占有率而进行的竞争,通常表现为价格竞争、广告战、新产品引进及提升对消费者的服务等。

③市场结构与竞争

经济学中对市场结构的四种分类——完全竞争、垄断竞争、寡头垄断和完全垄断——有助于企业对市场竞争者的性质进行正确估计。完全竞争市场在现实生活中并不存在,但这一市场中激烈的价格竞争使价格趋向于边际成本的描述却屡见不鲜。垄断竞争市场中,具有差异性的产品为企业带来了一批固定客户,并且允许企业对这些固定客户拥有价格超过边际成本的一些市场权力。寡头垄断市场中,企业的决策依赖其他企业的选择。完全垄断市场上,垄断厂商因控制操纵价格和产量的行为损害了消费者的利益,受到了反垄断政策的制约,但企业通过创新来取得垄断力量和实现高额利润的努力其实存在一定的合理性。

④市场需求状况

可以从市场需求的决定因素和需求价格弹性两个角度分析市场需求。人口、购买力和购买欲望决定着市场需求的规模,其中生产企业可以把握的因素是消费者的购买欲望,产品价格、差异化程度、促销手段、消费者偏好等都影响着购买欲望。影响产品需求价格弹性的主要因素有产品的可替代程度、产品对消费者的重要程度、购买者在该产品上的支出在总支出中所占的比重、购买者购买替代品的转换成本、购买者对商品的认知程度及对产品互补品的使用状况等。

⑤产业内的战略群体

确定产业内所有主要竞争对手在战略等诸方面的特征是产业分析的一个重要方面。战略群体是指某一个产业中采用相同或相似战略的各企业组成的集团。战略群体分析有助于企业了解自己的相对战略地位和企业战略变化可能产生的竞争性影响,使企业更好地了解战略群体间的竞争状况,发现竞争者,了解各战略群体之间的"移动障碍",了解战略群体内企业竞争的主要着眼点,预测市场变化和发现战略机会等。

⑥成功的关键因素

作为企业在特定市场获得盈利必须拥有的技能和资产,成功的关键因素可能是一种价格优势、一种资本结构或消费组合、一种纵向一体化的行业结构。不同产业成功的关键因素存在很大差异,同时随着产品生命周期的演变,成功的关键因素也会发生变化,即使是同一产业中的各个企业,也可能有不同的成功关键因素。

2.内部环境

小微企业的内部环境是指小微企业内部的物质、文化环境的总和,包括企业资源、企业能力、企业文化等因素,也称小微企业内部条件,是组织内部的一种共享价值体系。

内部环境是有利于保证企业正常运行并实现企业利润目标的内部条件与内部氛围的总和,它由企业家精神、企业物质基础、企业组织结构和企业文化构成,四者相互联系、相互影响、相互作用,形成一个有机整体。其中,企业家精神是内部环境生发器,企业物质基础和企业组织结构构成企业内部硬环境,而企业文化则是企业内部软环境。小微企业内部环境的形成是一个从低级到高级、从简单到复杂的演化过程。小微企业内部环境管理的目标就是为提高企业竞争力,实现小微企业利润目标营造一个有利的内部条件与内部氛围。

按小微企业的成长过程,内部环境分析又分为企业成长阶段分析、企业历史分析和企业现状分析等。

(1)成长阶段分析,就是分析小微企业处于成长过程中的哪一个阶段,然后有针对性地制定企业发展战略,对症下药。

(2)企业历史分析,包括小微企业过去的经营战略和目标、组织结构、过去几年的财务状况、过去几年的人力资源战略等,人力资源状况包括人员的数量及质量等。

(3)企业现状分析,包括小微企业现行的经营战略和目标、企业文化、企业各项规章制度、人力资源状况、财务状况、研发能力、设备状况、产品的市场竞争地位、市场营销能力等。

内部环境分析的方法多种多样,包括资源竞争价值分析、比较分析、经营力分析、经营条件分析、内部管理分析、内部要素确认、能力分析、潜力分析、素质分析、业绩分析、资源分析、自我评价表、价格成本分析、竞争地位分析、面临战略问题分析、战略运行效果分析、核心竞争力分析、获得成本优势的途径分析、利益相关者分析、内部要素矩阵及柔性分析、企业生命周期矩阵分析、企业特异能力分析、SWOT(优势 strength、劣势 weakness、机会 opportunity、威胁 threat 英文首字母缩写)分析、价值链构造分析、活力分析及内外综合分析等。

二、适应小微企业外部环境

所谓小微企业外部环境是指影响企业经营活动的各种因素和条件的总和,分为一般环境和任务环境。其中一般环境是对所有企业都产生影响的因素总和,而任务环境是对特定企业产生影响的因素总和。

企业是一个开放的组织,通过从外部获得各种组织需要的资源,进行内部运作,将形成的企业产品(服务)输送到外部,完成企业的一个经营循环。小微企业正常运营离不开小微企业外部环境,外部环境对小微企业经营活动产生着深远影响。从小微企业外部环境属性来看,还可以将外部环境分为以下几种。

(一)社会业务环境

社会业务环境是指与企业正常经营直接相关的各种业务因素和业务条件。包括一定社会的基本经济结构、社会劳动生产率水平、人们的生活方式、社会金融体制、工资水平、商品价格水平、经济发展水平和速度等。这些环境的优劣直接关系到小微企业经营效益的高低,进而影响小微企业的经营思路和具体的经营行为。

(二)市场环境

市场环境是指企业所处的要素供应市场和竞争市场及社会共同的价值观念。小微企业需要从外部获取资源,要求要素市场——如原料市场、燃料动力市场、人力市场、资本市场、信息市场和技术市场等——发展健全。同时,一个规范有序的市场竞争环境和兼容并蓄的社会价值观念环境也是一个小微企业正常发展必不可少的外部环境。近年来,基于互联网的大数据为小微企业提供了大量消费者信息,减少了由于信息不对称造成的决策失误,为精准营销奠定了基础,使小微企业的营销空间不断拓展。

（三）政府环境

随着市场经济的进一步发展,政府对企业的影响从直接干预转向间接影响,但这并不等于政府放弃了对企业的管理,只不过是政府对企业管理的方式发生了根本变化。政府为了营造良好的经济环境和社会环境,会通过制定相应政策制度对经济生活施加影响,如通过制定方针政策、法律规定,调整社会各界在经济、文化、教育等方面的行为,进而对企业日常经营行为进行影响。由于政府环境属于一般环境,对所有企业都发生作用,具有很强的刚性,因此小微企业对政府环境只能采取积极主动的方式进行适应,而不能怨天尤人、消极悲观。

近年来,政府在税收、金融、创新等方面不断制定扶持政策,推动小微企业持续成长。

首先,国家出台了一系列促进小微企业发展的税收政策。例如,减半征收所得税政策的颁布对小微企业的成长起到了强烈的刺激作用,缓解了小微企业的税收压力,从而降低了小微企业的经营成本,极大地激发了小微企业的创新活力。

其次,政府不断完善金融制度,力图打破小微企业融资困难的局面。例如,国务院设立了政府性融资担保基金、国家融资担保基金,不断发展聚焦小微企业和"三农"的政府性融资担保机构,对政府性融资担保和再担保机构减少或取消盈利要求。

最后,政府为推动"双创"制定了2000多条政策,涉及各行各业的大小企业,其中创新型小微企业成为受惠的主体。

各级政府加大政策扶持力度，为小微企业的发展营造一个宽松的政策环境、公平的竞争环境、合理流动的人才环境、公平的融资环境、活跃的市场环境、优质的服务环境，而小微企业也应顺势而为，积极主动拥抱变化，适应外部环境的新格局。

三、塑造小微企业内部环境

（一）搭建组织环境

组织环境主要是指企业组织结构、企业家的素质、职工队伍的素质及用人机制、管理机制、约束机制等。这些因素直接影响小微企业是否具有活力、人才是否发挥作用、管理是否科学民主、监督和约束机制是否有效。

（二）建设人文环境

人文环境主要是指企业良好的生产、生活环境，先进的技术设备，以及融洽的人际关系、良好的公共关系、协调的人与环境的关系等。这些因素对于提高小微企业的经济效益、社会效益和环境效益有着重要意义。

（三）构建经营环境

经营环境既包括企业内部组织环境、人文环境，又包括企业外部市场环境、技术环境、资金环境、信息环境、投资环境、劳动力环境等。这些因素是确保小微企业形成良好经营环境不可缺少的重要条件。

（四）铺设物质环境

物质环境主要是指企业开展正常经营活动所离不开的物质要素，如原材料、燃料动力、场地、厂房、机器设备、资金等，这些要素参与企业经营的全过程。这些物质要素是否具备及其利用程度在很大程度上影响着企业的经营效益。

随着当今社会环境保护意识的加强，一个小微企业要持续发展，必须要做到降低能耗、降低污染。为此，树立可持续发展观念是小微企业文化建设中不可忽视的一个方面。

四、小微企业环境与小微企业文化的关系

企业环境与企业文化有着十分密切的关系。小微企业内外部环境在小微企业文化的形成中起着重要的基础性作用，同时一个良好的小微企业文化氛围的形成，也在客观上为企业经营管理营造了良好的环境。

（一）小微企业环境对小微企业文化的促进作用

小微企业文化的形成与发展离不开一定的环境,小微企业环境对小微企业文化建设的作用表现为以下几点。

1.改善员工的劳动和生活条件,为小微企业文化建设创造一定物质条件

小微企业是员工赖以劳动和生活的地方,任何一个企业首先要有一个适合劳动和生活的环境,具备必要的设施,才能保证员工及其家属和附近居民的安全、健康,使员工能够安全地、文明地生活和工作。如果员工经常处于不安全、有害健康、条件恶劣的环境中,得不到关心、重视,就不可能有积极性、创造性,更不会使小微企业产生向心力、凝聚力。

2.提高员工素质和能力,促进小微企业文化内涵的提升

心理学认为,影响人智力、性格、素质、能力的因素,有遗传因素,也有环境因素。其中环境因素,主要是社会环境和文化环境,它们对遗传因素而言,是后天的。一个小微企业能创造一个让企业员工实现自我价值的最佳环境,员工的思想素质、道德素质、业务素质及各种能力就会有较大的提高,他们的聪明才智就会得到充分的发挥,进而为良好的小微企业文化的形成

提供宽松环境。

3.促进小微企业文化的形成和发展,发挥小微企业的整体能量

就小微企业内部环境而言,企业内部的人际关系是否和谐十分重要。人际关系的和谐有赖于企业共同价值观的引导,因为价值观一致意味着员工有共同价值标准和价值目标,会形成相近的价值评价、价值追求,从而能够进行协调一致的创造活动,员工就会发挥主动性和积极性,最终形成企业上下一致认可的企业文化并发挥企业整体能量。一旦小微企业形成了整体能量,其凝聚力和向心力就会大大增强,为小微企业进一步发展提供强大的动力。

4.促进小微企业改善对科学技术的态度

在科学技术迅猛发展的环境中,小微企业必须善于学习科学技术,善于引进、吸收和消化别人的先进技术,更要善于创新,发展自己的专有技术。这要求小微企业建立起一种能够调动广大员工追求科技进步的积极性和创造性的企业精神,建立科技是第一生产力的经营思想,正确对待科学技术。一旦在小微企业中形成了正确务实的科学观念,就可以大大加快小微企业的成长。

(二)小微企业文化对小微企业环境的促进作用

1.创造和谐稳定的内部环境

小微企业文化具有协调功能,可以帮助营造和谐稳定的内部环境。由于每个小微企业的成员都有自己的成长背景和教育背景,形成了不同的性格特点和价值观念。因此企业越大,企业成员越多,小微企业的管理难度就越大,小微企业的内部环境就越难和谐和稳定。因此,现代企业管理需要借助小微企业文化。由于建立了组织成员认同的小微企业文化,而小微企业文化具有"润滑"和"消声"作用,所以员工之间会努力通过一些文明方式解决矛盾,不至于发生过火的、越轨的行为。营造协调和稳定的小微企业环境,企业的运营和发展会事半功倍。

2.有效引导建设良好的外部环境

小微企业的外部环境分为一般环境和任务环境:对于一般环境,小微企业只能进行适应;而对于任务环境,小微企业则可以通过自己的努力对之施加影响,使其朝有利于自己的方向发展。小微企业在日常的经营过程中,通过各种媒介,向社会公众不断地传递企业信息,其中就包括小微企业文化方面的情况。一个良好的小微企业文化一旦传递到了公众中并被社会公众所接受,就可以深刻地影响社会公众的行为,进而通过公众个体的行为,起到影响整个社会的作用。

在信用缺失的社会环境中，每个社会个体的正常运行都会受到严重影响。每个社会个体都渴望能拥有一个信用良好的社会环境，此时，如果一个或若干个恪守信用的小微企业通过各种途径大力传播自己诚信的企业文化，则容易引起社会的共鸣，获得社会个体（包括政府）的支持，最终改变整个社会的诚信状况。

小微企业环境与小微企业文化是相互联系、相互作用的。良好的小微企业环境有利于小微企业文化建设；反之，良好的小微企业文化则有效地影响小微企业，使小微企业更好地适应小微企业环境。小微企业文化不能脱离小微企业环境而孤立存在，小微企业环境的改善也离不开小微企业文化的建设，它们是辩证统一的关系。

由于小微企业普遍具有生产经营规模偏小、抵抗市场风险能力较弱、应对市场竞争的机制不健全等劣势，其生存发展面临诸多困境，生存及发展状况堪忧，因此在客观上更加需要政府对其发展给予支持。所以小微企业对健康稳定的企业环境具有更强的依赖程度。

每个小微企业由于产品、竞争者、顾客、工艺技术、政府影响等方面的不同而在市场上面对不同的现实。每个小微企业为了在市场上取得成功，都必须把某些工作做得很出色——在有的市场上，这种工作可能是销售；在有的市场上，可能是创造发明；在有的市场上，则可能是成本控制。总而言之，一个小微企业经营的环境决定着这个企业为了取得成就要做些什么事。在形成一种企业文化时，企业环境是最大的一个影响因素。

第五章　小微企业礼仪文化的培育

中国拥有 5000 年文明史,素以"礼仪之邦"著称于世。礼仪发展到今天,已经形成了一种文化,并作为中国文化的一个重要组成部分,影响着社会生活的方方面面。随着服务领域的逐渐扩大,业务交往也逐步增多,尤其是涉外交往逐步增多,小微企业除了应具备精湛的专业技术和科学的企业管理水平外,还必须了解如何与他人相处。这就要求小微企业自身的礼仪文化建设要达到一定的高度,从而能更好地适应市场经济交往的需要,塑造更好的小微企业形象,才能够顺利地实现全球化发展战略。

礼仪是企业文化、企业精神的重要内容,是企业形象的主要附着点。礼仪的主要功能,从个人的角度来看:一是有助于提高人们的自身修养;二是有助于美化自身、美化生活;三是有助于促进人们的社会交往,改善人们的人际关系;四是有助于净化社会风气。从企业的角度来说,礼仪可以塑造企业形象,提高顾客满意度,并最终达到提升企业的经济效益和社会效益的目的。随着时代和企业的发展、企业文化建设的与时俱进,有必要对企业礼仪进行相应的改进与完善。

随着经济与社会的发展,人际交往也日益频繁,礼仪在企业竞争与发展中的作用也日益凸显。要想在激烈的商务交往和社会竞争中立于不败之地,小微企业员工首先要做的就是树立好自己良好的商务形象,规范日常的行为举止。要做到这些,最好的办法是学习,知识的积累、品德的修养、沟通能力的锤炼、兴趣爱好的培养等都会有助于员工提升自己的形象。

一、礼仪的概念

礼仪是由传统习惯发展而来的,按某种固定的或带有一定灵活性的程序而进行的,并为特定文化背景的人们普遍接受的行为方式。

企业礼仪是企业成员在内外交往过程中,在一定价值观指导下,所表现出来的礼节、仪式和典礼等文明交往方式和规范,是企业文化宣传倡导、贯彻落实的重要而使用频繁的内部渠道,对企业文化的落地生根具有不可或缺的作用。[①]

小微企业文化中的礼仪是指小微企业在其文化活动中所采用的那些具有固定式样的礼节及仪式。它是小微企业文化的重要构成部分,是可以供人们直接感知和观察的文化参数。它是一种文化活动的礼节,是小微企业文化活动的一种仪式,是小微企业文化传统的反映。

从现代管理学中延伸出来的职业形象和职业礼仪规范,正在成为众多

---

① 王俞德.如何完善企业礼仪[J].化工管理,2013(09):107-108.

企业所关注的热点问题。礼仪文化建设,已经成为中国加入世贸组织后企业与国际市场接轨的必修课,礼仪文化在公共关系、对外交往、商务活动、职场管理、信息沟通等方面起着积极的作用。完善的礼仪文化成为企业职业化、规范化管理和国际化程度的标志。

二、礼仪的形式

小微企业文化礼仪的范围很广,其中既包括工作仪式、管理仪式(包括各种会议)、社会交往仪式、奖励仪式及各类庆典等正规礼仪,又包括工作午餐、友谊聚餐、周末聚会、啤酒晚会、文化狂欢会、郊游、体育活动等非正规礼仪。这些文体娱乐活动,使人们关系融洽、心情舒畅、解除疲劳、消除误会,使小微企业员工更加紧密地团结与合作。

一般来说,企业礼仪植根于民族文化之中,同时又被打下了深深的地域文化、行业文化,尤其是本企业文化的烙印。由此,企业礼仪总是摇曳多姿,呈现出丰富多彩的样式。概括来说,小微企业的礼仪主要有以下几种。

(一)标志性礼仪

标志性礼仪主要指厂旗、厂徽、厂歌和厂服等。一般来说,标志性礼仪所体现的意义是多重的。

1.符号

指的是使标志作为小微企业的一种特定符号,引起人们的特别关注,以把本企业与其他企业区别开来。

2.象征

指的是把标志作为企业目标、企业精神和企业作风的象征,以提醒人们时时注意,永志不忘,恪守不渝。

3.期望

指的是使标志蕴含一种期望和祝愿,展示小微企业美好的未来和前景。

4.渲染

通过穿着厂服、佩戴厂徽、升厂旗和唱厂歌,渲染一种气氛,激发人们的联想,引起人们产生一种积极向上的情绪体验。

身着整齐的厂服,胸前佩戴着闪闪发亮的厂徽,员工会体会到自己与企业荣辱与共,从而被激发出强烈的归属感和主人翁责任感。厂旗徐徐升起,高高飘扬,使人们联想到企业蒸蒸日上、兴旺发达、名扬天下,使员工被激发出自豪感和奋发向上的精神。几千人唱出雄伟的歌声,使员工联想到步调统一、众志成城的伟大力量。因此标志性礼仪是传播企业价值观、熏陶员工情操最简单、最为人们喜闻乐见的一种形式。文化礼仪对员工行为的暗示及其寓意的深奥、神秘，在标志性礼仪这里得到了充分的体现。

（二）工作惯例性礼仪

发生在小微企业日常经营管理活动，以及商务活动中的常规性的仪式是工作惯例性礼仪，如展会、岗前小会、店会、表彰会、职代会、培训会、新闻发布会，以及技术、生产、销售合作签约仪式、合资项目签字仪式等。

在企业文化建设上，工作惯例性礼仪不会起到直接作用，但它同样是宝贵的、重要的，因为它能使员工具有安全感和认同感，并且使平凡的活动具有戏剧性色彩。

工作惯例性礼仪起始于工作行为的习俗和惯例，但是并非所有的习俗和惯例都以工作惯例性礼仪的形式存在，如遇事相互商量、上岗前打出勤卡、对有过失的职工照章进行处罚，这些行为虽然已成为多数企业的惯常行为，大家天天、年年这样沿用着，但谁也不把它们当作一种礼仪。工作惯例性礼仪的主要表现形式可以被归结为以下几点。

1.工作程序

把一件极其复杂的工作程序，用礼仪的形式明确起来，以备企业员工随时采用，可以防止每次都要细细策划磋商的情况发生，从而大大提高工作效率。

2.行为方式

工作惯例性礼仪起始于工作行为的习俗和惯例,是人们对工作行为方式的规定,它明示或暗示企业员工怎样的行为方式是合理的。

3.成功经验

用礼仪固定一种成功的经验,如鼓励企业员工揭露矛盾、总结经验、发扬民主、集思广益,同时也提醒企业员工不要忘记这种成功的经验。

(三)生活惯例性礼仪

生活惯例性礼仪在企业经营中产生的影响很大,这些礼仪让员工知道自己在企业中的地位,加强个人在企业中的认同感,并且给企业员工处理相互关系定了调子。生活惯例性礼仪,在小微企业中制约着管理者和员工、年轻的和年长的、专业人员和辅助人员、男员工和女员工、本企业人员和非本企业人员之间的关系。这种礼仪规定了个人在正式场合和非正式场合应该怎么称呼别人,企业员工交谈的传统习惯,个人情感可以流露多少,公开的争论能达到什么程度,在会议上谁先发言等。

生活惯例性礼仪主要是小微企业内部公开社交生活的礼节和仪式。它具有民俗性,其中许多礼仪是从社区民间风俗习惯移植进企业生活中的。例如小微企业的运动会、艺术节、文艺晚会、节日团拜等。小微企业及其员工通过这些礼仪活动既可达到放松精神、调节情绪的目的，又可以达到增进友谊、密切关系的目的，有利于共同价值观的形成和传播。

如在某些小微企业，每逢春节、公司创建日，小微企业家都会给全体员工寄发贺信；员工过生日时，小微企业家发送生日祝贺短信，并赠送生日蛋糕或者蛋糕券；员工进厂1周年、5周年、10周年等重要纪念日时，小微企业家会送出价值不菲的红包等。

我们一起来看一个小微企业的职业形象与会客礼仪要求。

1. 职业形象

（1）着装整洁，仪态大方

着装整洁：员工上岗时应着规定的工作服，保持服装洁净得体，衣扣整齐（包括上衣扣、裤扣），工作服上衣兜、裤兜内禁止装杂物，以保持工作服的挺括美观。

发型大方：头发应保持干净清爽，发型应大方得体，头发颜色不宜染得过于夸张。男员工不建议蓄长发和烫发。女员工不宜梳怪异发型，工作时建议发型干净利落。

仪表得体：女员工应适度化妆，不能浓妆艳抹，不得使用浓郁香水，不涂颜色夸张的指甲油，不佩戴过大、耀眼、过多的饰物。

①男士着装要求

西装：正式的商务礼仪中，男士必须穿着西装、衬衣并打领带；西装一定要笔挺，颜色以藏青、深蓝、灰色和米色为主，不要穿白色、红色、黑色（正式晚宴可穿黑西装）和绿色的西装；新西装袖口的标签要拆掉，一般穿西装只扣第一个扣子，坐下时应解扣，站起后应随手将扣系上。

衬衣:要干净、整齐,不穿太旧或者起球的衬衣;尽量不要穿带有明花、明格的衬衣,最好穿质地好的长袖衬衣,浅颜色的衬衣不要太薄;袖口、领口要干净、平整,袖口要系好,袖子应比西装的袖子长出一厘米,并能盖住手背;不打领带时,衬衣第一个扣子要解开。

领带:领带的颜色不要浅于衬衣,尤其不要黑衬衣白领带;不要打怪异的领带,不要打印有其他公司名称的领带;领带下摆应长过皮带扣少许;穿毛衣或马甲时,领带应放在毛衣、马甲的里面,即贴住衬衣。

腰带:一定是黑色皮腰带,也不能太旧。

裤子:裤子不得有褶皱,要有裤线,不要太短,应盖住鞋面。

皮鞋:应以深色为主,如黑色、棕色或灰色,不要穿太陈旧的皮鞋,要干净,鞋跟不要太高。

袜子:应穿深色的袜子,如棕、深蓝、黑色或灰色,不要穿薄或透明的袜子,尤其是不能穿白袜子。

②女士着装要求

女性的职业服装比男性的职业服装更具个性,每个女性都要树立一种最能体现自己个性和品位的风格。但是有些规则是所有女性都必须遵守的,比如在正式场合,女士着装一定忌短、忌露、忌透。

西装:对西服套装、套裙及连衣裙等在正式严肃场所所穿着的服装,要考虑其颜色和面料。单排扣上衣可以不系扣,双排扣的则应一直系着(包括内侧的纽扣)。

套裙分两种:配套的,即西装和裙子同色同料;不配套的,即西装与裙子存在差异。套裙的最佳颜色是黑色、藏青色、灰褐色、灰色和暗红色。穿单色的套裙能使身材显得瘦高一些,但精致的方格、印花和条纹也可以接受。穿红色、黄色或淡紫色的套裙要小心,因为这样的颜色过于抢眼。

衬衫：衬衫的颜色可以是多种多样的，只要与套装相匹配就可以了。白色、黄白色和米色与大多数套装都能搭配。丝绸是最好的衬衫面料，其次是纯棉，要保证衬衫干净且熨烫平整。

内衣：既要确保内衣合身，又要注意使内衣不要外露。

围巾：围巾颜色中应包含套裙颜色。围巾选择丝绸质地的为好，其他质地的围巾打结或系起来没有那么好看。

袜子：女士穿裙子应当配长筒丝袜或连裤袜，颜色以肉色、黑色最为常见，其中肉色长筒丝袜配长裙、旗袍最为得体。女士袜子一定要大小相宜，太大时袜子会往下掉，显得穿戴不整齐。尤其要注意，女士不能在公众场合整理自己的长筒袜，而且袜口不能露在裙摆外边。不要穿带图案的袜子，因为它们会过分吸引旁人的注意。应随身携带一双备用的透明丝袜。

鞋：正式的场合不要穿凉鞋及其他后跟用带系住的鞋或露脚趾的鞋，建议选择穿着舒适、美观大方的鞋。建议鞋跟高度为三四厘米。鞋的颜色应与衣服下摆一致或再深一些。如果鞋是另一种颜色，人们的目光就会被吸引到脚上。衣服从下摆开始到鞋的颜色一致，可以使大多数人显得高一些。推荐穿中性颜色的鞋，如黑色、藏青色、暗红色、灰色或灰褐色的鞋，不要穿红色、粉红色、玫瑰红色和黄色的鞋，不要在商务活动中穿白色的鞋。

手提包和手提箱：手提包和手提箱最好是用皮革制成的；手提包上不能带有设计者的标签；手提箱可以用硬衬，也可以用软衬；最实用的颜色是黑色、棕色和暗红色。

（2）行为端庄，举止大方

站姿挺拔：站立时应收腹挺胸，不弯腰，不叉腰；男员工站立时双脚分开与肩同宽；女员工站立时双脚并拢，双手自然下垂，交叉于腹部或背后；站立时手不可插口袋内，不做伸懒腰、弄头发等小动作。

坐姿文雅：坐时臀部应坐在椅子的三分之二处；双腿收齐，或一腿绕在另一腿上，双腿不得抖动，不得分开，姿态端正；不趴在桌子上、歪靠或躺在椅子上。

行姿稳重：行走时身体重心可微向前倾，收腹挺胸，抬头平视，面带微笑，双臂自然摆动；与人同行不勾肩搭背，不疯狂打闹；三人以上要分散行走，不并排一行。

2. 会客礼仪

（1）语言

①应以清晰的发音，平和、自信和热情的语调与客户轻松对话。

②与客户交流时要讲究"三到"，即"眼到、口到、意到"。

眼到：语言交流的同时要有目光交流（具体参见"眼神"部分）。

口到：热情、正确称呼以示对交谈对象的尊重。

意到：通过微笑把友善、热情表现出来，不卑不亢，落落大方。

（2）眼神

与客户交谈时，双眼视线落在对方鼻间，标准注视时间是交谈时间的 $30\% \sim 60\%$。恳请对方时，可以注视对方双眼，适时移动视线。

（3）手势

在向客户做介绍、与客户谈话、为客户引路、为顾客指示方向时运用手势，要求正规、得体、适度。手掌向上，注意手势的大小幅度，手势应在胸前或从右方进行，多用柔和的曲线手势。

（四）纪念性礼仪

为防止时过境迁，那些值得纪念的事件和人物被人们遗忘，才以纪念性礼仪的形式将其规定在企业生活里。这类礼仪只适用于纪念性活动，如在厂庆活动中发布纪念性公告，召开庆祝大会，举办新成果展览，赠送纪念品，开展各种文化娱乐活动等都是纪念性礼仪的组成部分。对同一事件和人物的纪念，虽然在不同周期里的规格、规模、场所、程序和情境气氛可以有所不同，不一定千篇一律绝对不变，但组织赋予纪念性礼仪的基本意义是固定的。

纪念性礼仪通常被赋予的意义包括以下几个方面。

1. 怀念

怀念是指通过回忆历史事件和历史人物的事迹，再现当年企业员工共同奋斗的情景，激起职工对过去岁月的肯定和怀念之情。历史就是文化，纪念性礼仪使企业员工永远铭记历史，不忘记过去。

2. 弘扬

纪念过去是为了现在和未来，企业组织举行纪念性礼仪的真正意义在于继承优秀的企业文化遗产，弘扬企业的价值精神。

3.感激

感激就是通过对历史人物和历史事件的纪念，激发和表达企业员工对创造历史业绩的人物的感激之情。

4.渲染

礼仪渲染了一种严肃、庄重、胜利、欢乐、幸福的情景气氛，促使企业员工对今昔境况展开比较联系，激发员工一系列积极肯定的情感体验。

三、礼仪文化的作用

企业礼仪使企业价值观具有生动活泼的传播形式，使那些抽象的、口号式的企业文化语言变成了生动的活动、具体的行为，成了一种形象化的表达，变得可视可感，有利于增强员工对小微企业文化的认识、理解和支持，促使员工在日常工作中也会积极去建设企业文化。久而久之，员工会产生一种强烈的认同感、使命感、自豪感和归属感，从而可以提高自身的工作热情和对企业的深厚情感。

在小微企业中，企业礼仪的功用不容小视。

（一）促进小微企业形象的提升

从某种意义上讲，现代市场竞争是一种形象竞争，现代经济越来越像是形象经济。企业礼仪能够培养人的品格，使人逐渐变得有修养。正因为企业礼仪具有提高员工综合素质的作用，故而它的策划、设计和习俗化成了企业文化建设的一项基础工程。无疑，企业礼仪是员工素质、素养的外在体现，更是企业形象的具体化展现，企业礼仪已经越来越成为企业的形象名片。

良好的企业形象，是一个企业的无价之宝，也是良好的企业文化的体现。礼仪文化作为小微企业文化建设的重要组成部分，可以从侧面反映出一个小微企业的形象和素质，通过礼仪建设可以提升小微企业的核心竞争力。同时礼仪也是小微企业形象资产最好的容器。员工通过小微企业立身处世，小微企业通过员工服务社会，每个小微企业的员工在职场上的各种表现与行为都是该企业形象的缩影，社会往往通过员工行为对小微企业进行评价。因此，建设并不断完善礼仪文化，使小微企业员工懂得在现代商务活动中的基本礼仪，不仅能反映该员工自身的素质，而且能折射出该员工所在小微企业的企业文化水平和经营管理境界。加强礼仪文化建设力度，可以内修小微企业素质，外树小微企业形象，是关乎小微企业长远发展的战略，是关乎小微企业兴衰荣辱的大计。

（二）适应现代化信息时代发展的需要

信息时代的到来，使得许多沟通手段和沟通频率在本质上发生了改变，距离上从面对面到远程通过互联网、电话等现代信息手段进行会务，工作节奏从低频率、慢节奏到高频率、快节奏。人际沟通的方式和频率的变化对人类社交礼仪进行了新的界定。因此，只有完善的礼仪文化建设才能保证小微企业员工在新时代、新领域的人际交往中达到"人和"境界。完善礼仪文化建设，是经济发展的需要，也是时代的需要。

（三）形成良好社会风气

随着中国经济的迅速发展，物质文明和精神文明的差距逐渐增大，在物质文明高度发展、精神文明相对落后的今天，社会上仍然存在着不少的问题。小微企业是社会的企业，小微企业的发展离不开社会、离不开人，社会风气的好坏往往影响着企业项目的成败。目前，一些领域道德失范，是非、善恶、美丑界定混乱，拜金主义、享乐主义、极端个人主义有所滋长，见利忘义、损公肥私行为时有发生，不讲信用、欺骗欺诈成为社会公害，以权谋私、腐化堕落现象依然存在。礼仪文化是以德治国、端正社会风气的软制度和潜规则。中国自古就有"齐之以礼"的说法，即用礼仪来统一人的行为，也就是说使人的行为规范化。从表面上看，礼仪不是一种硬约束，但它对人们行为方式的影响是很深远的。礼仪、礼节在企业管理活动中的秩序建构作用是显而易见的。

小微企业礼仪作为一种行为规范,对企业员工的行为具有很强的约束作用。礼仪一经制定和推行,久而久之,便可成为小微企业的习俗和规范。小微企业作为社会的重要分子,对风气净化和礼仪建设具有重大义务。有些小微企业更是走在礼仪文化建设的前列,为推动树立良好的社会风气做出了自己的贡献。

(四)具有重要战略地位

随着服务领域的逐渐扩大,业务过程中所需要的交往也逐步增多,小微企业在涉外业务中更是频繁地与外国友人进行交流。礼仪关乎人格,更关乎国格,无论国门内外,除了具备精湛的专业技能和科学的管理水平,小微企业的员工还必须了解与人相处的法则和规范。这就要求小微企业自身的礼仪文化建设达到一定的高度。礼仪的学习能够帮助小微企业顺利地走向全国,走向世界,能够使人与人之间更好地交流交往,在树立自身形象的同时体现企业形象。

同时,礼仪文化建设能够给企业员工在职场上成功提供软化剂和推进器。孔子曰:"不学礼,无以立。"在现代生活中,礼仪依旧是每位现代人必备的基本素养。作为一名小微企业员工,积极学习礼仪、讲究礼仪,不仅能提高自身的内在素质,而且也有助于维护自身乃至所在单位的良好形象。对小微企业而言,要想成为一流企业,必须要有一流的企业风范、一流的员工素质与之相匹配,这就要求必须有与之相配套的企业礼仪文化。

四、小微企业礼仪的培育

小微企业文化中的礼仪文化是企业员工在长期企业生活中形成并遵守的礼节和举行某些活动所必备的仪式，它同小微企业文化的其他任何一种要素一样，也可以由小微企业组织设计、创立、倡导和推行。并且只有经过企业组织长期的努力，使其与小微企业的价值目标相适应、与价值观念相吻合，礼仪文化才能被真正固定在小微企业的生活里，发挥其应有的作用。

企业的各种礼仪活动是企业文化的具体外显形式，因此，小微企业礼仪的组织者应认真组织、精心策划这些仪式的场景和要贯穿其中的主题，营造良好的仪式氛围，使员工从中受到充分的感染和教育。事实上，礼仪的形成与推行是一个长期的过程，而绝不是一朝一夕之功。塑造小微企业礼仪，必须重在实践，贵在养成。小微企业礼仪培育的步骤不妨参考以下几个方面。

（一）引用历史事件

如前所述，小微企业礼仪具有传统性和历史性的特点，大都起源于某种历史事件或历史经验。在小微企业文化礼仪的培育中，首先可以引用小微企业创建过程中的历史事件，让历史经验去支持和佐证正在创立和倡导着的礼仪。

1. 引用象征企业价值观的事件

象征企业价值观的事件是指在小微企业生存发展过程中,那些鲜明地体现小微企业所倡导的基本价值观的事件。员工记住这些事件有助于领会小微企业价值观,因而应当把它们用礼仪的形式固定下来。例如某企业将自己创建初期所使用的一口大锅保存在会议室中供员工参观,就是为了把"白手起家、艰苦创业"的企业价值观世世代代传承下去。

2. 引用有启迪意义的事件

有启迪意义的事件是指小微企业生活中的有些事和人物,对员工具有深刻的教育和启迪意义,能被人所称颂、敬仰和缅怀,值得被人们以纪念性礼仪的形式固定下来,以寄托和传播人们这种美好的情感体验。

3. 引用警戒性事件

小微企业生活中的有些事件,虽然不直接具有积极意义,但是它们给人以教训、警戒,能从反面支持小微企业所倡导的价值观念。这类事件也可以被当成员工的教训固定下来、传递下去。

4. 引用重大事件

重大事件是指在小微企业生存发展过程中具有重大意义的事件。它们是小微企业由小变大、由弱变强、由萧条变昌盛、由挫败到胜利的重要转机。这样的事件值得小微企业及其员工永远纪念。

5.引用普遍流行的故事、传说、传奇

小微企业中,常常流传着一些传奇性的故事,它们集中反映员工对某些事件、人物的评价,寄托着人们的思想感情,承载着人们的经验教训,是构建小微企业文化礼仪的现成材料,对这些故事应给予必要的关注。

在小微企业文化礼仪的构建过程中,可选用的历史事件有很多,引用历史事件的方法也绝非一种,可以采用下面几种方法。

(1)征集历史资料

向广大在职及离职员工中公开征集历史资料,在整理资料的过程中发现有助于构建小微企业礼仪的历史事件。

(2)回顾企业发展历程

回顾小微企业所走过的发展历程,对那些对小微企业发展进程有一定影响的事件和人物分别给予科学的评价,从中选出那些价值等级较高的事件和人物,并将其作为小微企业礼仪的经验寄托。

(3)开展传统教育活动

发动员工忆历史、讲传统,把来自员工的信息资料集中起来加以梳理,从中发现那些为员工普遍传颂的事件、人物。

（二）精心设计行为情境

礼仪是一种适用于企业文化活动的行为规范，是企业群体的一种行为方式。在创造某种礼仪并向企业生活推行实践该礼仪的过程中，精心设计礼仪行为情境，使礼仪变为可以理解和操作的行为程序是至关重要的。礼仪行为情境的设计可以着重抓好以下几个方面。

1.主题情境

主题是礼仪活动的中心，是礼仪活动的灵魂。整个礼仪活动行为情境设计都围绕一个主题，突出中心，明确它所传播的价值观念。如在庆功仪式上，只表扬先进，而不设定批评惩戒后进、揭露企业内部矛盾等无关流程。

2.氛围情境

礼仪活动的成败往往取决于是否渲染出一种适宜主题要求的、富有感染力的心理气氛，设计一种与主题相匹配、和谐的心理气氛是礼仪行为情境设计的关键。设计氛围情境，涉及可控和不可控两类因素。设计的旨意就是通过对礼仪活动的场所、规模、席位、设计、音乐及美术效果等可控因素，去影响员工的心理和情绪等不可直接控制的因素。氛围情境类型有庄重型、轻松型及混合型。

3.程序情境

精巧的行为程序设计是礼仪活动能够顺利进行的保证。所谓行为程序设计是指对礼仪行为的实践方法、实践步骤和实践组织进行周密的安排和规定。要明确清楚首先怎么做,其次怎么做,最后怎么做,以保证群体行为的井然有序、有条不紊。

(三)长期坚持,持之以恒

小微企业礼仪是企业员工在长期企业生活中形成并遵守的礼节和仪式。提出一个礼仪建设方案,设计和创造出一种新的礼仪并不是一件十分困难的事情,而要使之成为员工工作和学习的习俗和惯例,成为习惯成自然的行为方式,成为小微企业生活中的礼仪,那不是一蹴而就的,必须长期坚持、持之以恒。因此,在小微企业礼仪建设的过程中应注意以下几点。

1.礼仪活动的稳定性

一旦实践了一种礼仪,就不要轻易改变其活动样式,尽可能保持其稳定性,保持活动主题、气氛基调和行为程序的前后一致性,防止因求新求变而使员工对礼仪印象模糊。

2.时间的同一性和连续性

要按既定的时间举办各种礼仪活动,不能对既定时间随意更改。事实上,如遇到市场萎缩、生产不景气、天灾人祸或生产任务忙、时间压力大等情况,小微企业坚持按既定的时间开展礼仪活动,对员工更具有积极的意义。例如2020年突如其来的新冠疫情,让很多企业措手不及,但有些小微企业坚持采用线上方式照常开展企业重要的礼仪活动。如有的小微企业开展"云运动会",让企业员工通过拍摄短视频的方式,将运动实况上传至网络进行比赛。

(四)移风易俗,推陈出新

在保持礼仪的稳定性、同一性和连续性的同时,也要进行礼仪的变革。在礼仪建设中,小微企业应当随时留心组织内部价值取向的变化,经常进行价值诊断,并讨论礼仪建设的有效对策。企业礼仪变革的形式,既有激烈的突变,也有平和的渐变。

总的来看,平和的渐变是礼仪变革的基本形式。小微企业在进行礼仪变革的过程中,多做深入细致的思想工作,把礼仪变革的充分理由向员工们解释清楚,从而创造新旧转化的条件,促进礼仪由旧向新逐步转变,而不能简单生硬、急于求成。

我们不妨来看看青岛双星股份有限公司(以下简称双星)的实例。

在双星的总部、十大生产基地和各家连锁店的大门口,人们都会看到两座雕塑。这两座雕塑,不是两座汉白玉的狮子,而是两座黑白大猫——一座是正在抓老鼠的黑猫,一座是特别漂亮但却不抓老鼠的白猫。人们把这两只猫叫作"双星猫"。在两座雕塑的底座上面,雕刻着这样一副对联,上联是"不管黑猫白猫,抓住老鼠就是好猫",下联是"不管说三道四,双星发展是硬道理"。

对双星人来说,这副对联就是他们的经营理念和座右铭。在这两句话的指引下,双星走过了 20 多年的风风雨雨。正如双星总裁所言:"'双星猫'往门口这么一站,就把双星人的经营理念给'站'出来了,使双星人压力陡增,自己该怎么做和不该怎么做一下子就清楚了。"

"双星猫"作为企业的标志,实际上体现了双星的企业礼仪文化。在连锁店门前放一对猫,而不是放两只雄狮,更容易引发消费者的好奇心,使他们前来观看,从而起到创造市场、拉动市场的作用。在这个意义上,甚至有人将"双星猫"比作鲶鱼呢。① 总之,通过完善小微企业礼仪文化,在员工日常工作与生活的礼仪活动中传播、宣传、贯彻企业文化,是使企业文化落地的重要渠道与途径之一,这种互动中的传播宣传往往较自上而下的灌输收效更甚。

---

① 王超逸,马树林.最经典的企业文化故事[M].北京:中国经济出版社,2008.

第六章 小微企业品牌文化的构建

品牌文化指品牌在经营中逐渐沉淀的文化理念，它代表着品牌自身的价值观、世界观，能让消费者在精神上产生认同、共鸣，并使他们长久信仰该品牌的理念，从而形成强烈的品牌忠诚度。

对品牌文化结构的划分有两层、三层、四层三种划分方式，两个层次包括外层和内层，三个层次包括外层、浅层、内层，四个层次包括外层、浅层、内层和核心层。我们认为品牌文化结构分为三个层次，分别是外层、中层和内层，对应品牌文化结构的三个要素①：外层对应品牌物质文化，主要包含产品外形、设计、色彩、包装等，外层即所谓的"物质层"；中层对应品牌行为文化，包含企业品牌行为和消费者品牌行为，中层即所谓的"行为层"；内层对应品牌理念文化，指品牌价值观，所以内层即所谓的"理念层"。大家可以参考图 6-1。

---

① 王秀娟.GL 企业品牌文化战略研究[D].武汉：武汉纺织大学,2016:14.

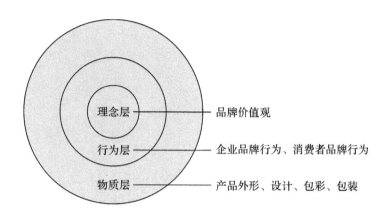

理念层 —— 品牌价值观

行为层 —— 企业品牌行为、消费者品牌行为

物质层 —— 产品外形、设计、包彩、包装

▲ 图6-1　品牌文化的结构层次

一、企业文化与品牌

（一）企业文化与品牌的关系

文化是品牌与消费者之间最强的连接，成功的品牌之所以能够永远保持着它强大的生命力，关键在于这些品牌培养出了价值观体系及品牌文化。品牌文化与企业文化之间存在相互影响、相互制约的关系，彼此促进良性发展。但是企业文化强调内部，包含了价值观和管理，而品牌强调外部效应，基本属于经营的范畴。外部效应内部化，内部效应外部化，这是企业发展的趋势。

企业在发展中要追求的是实现品牌价值的最大化，优质的企业文化能帮助战略落地,促进品牌价值的提升,是品牌价值实现的手段和保证,还可以协调社会效益和经济效益的动态平衡。因而文化是"本",品牌是"标"。

对外部消费者来说,他们只能通过品牌来识别不同的企业文化。也就是说,品牌是文化的载体,文化蕴含在品牌中。品牌文化是品牌经营全过程中的理念、意志、行为规范和团队风格的体现。因此,在当前产品或服务的同质化程度越来越高,产品质量、价格、渠道上差异化的优势越来越不明显的时候,品牌文化正好提供了有效的解决之道。

(二)品牌是企业文化的重要组成部分

品牌的名称、标志和产品包装是品牌文化的显现载体,品牌文化中传达着企业的理念。由于品牌中蕴含了理念,品牌文化才可以形成,品牌才可以反过来进一步塑造文化。而企业文化是以企业精神和经营理念为核心,在企业生产经营过程中形成的,是企业形象和行为方式的系统反映,因此品牌文化可被视为企业文化的重要组成部分。

在企业的发展过程中,企业文化与品牌对企业的发展有着深远的影响,决定企业兴衰,是企业核心竞争力的必然要素,是塑造企业控制力、影响力、领导地位的有力武器,其中企业的核心价值观起着决定性作用,为企业品牌和文化建设指明了方向。

品牌文化的核心是文化内涵,具体而言是其蕴含的深刻的价值内涵和情感内涵,也就是品牌所凝聚的价值观念、生活态度、审美情趣、个性修养、时尚品位、情感诉求等精神象征。优秀的品牌文化可以赋予企业强大的生命力和非凡的扩张能力,企业充分利用品牌的美誉度和知名度进行品牌延伸,能够进一步提高自身的号召力和竞争力。

二、塑造小微企业形象

从企业文化内容来看,品牌文化是企业文化的重要组成部分。企业文化可被分为四个不同层次:物质文化、行为文化、制度文化、精神文化。企业文化的外层是物质形态下的产品设计、员工服饰、厂容厂貌等,即企业形象。最外层的企业形象是企业的公众形象,也是企业的产品形象。企业品牌是企业形象的载体,传达着企业的精神和企业的经营理念,我们可以将作为品牌文化重要组成部分的企业形象等同于品牌文化。

企业形象是公众对各类企业进行综合认识后形成的最终印象,是企业通过自身的生产经营活动向公众展示本质特征并进而给公众留下的关于企业整体性与综合性的评价印象。企业形象既是企业文化的形象体现,是企业价值观、作风、习俗和礼仪等文化因素的形象体现,又对企业文化具有强化意义,是企业文化的强化剂。

在公众心目中留下印象的小微企业形象好,意味着公众对小微企业的文化素质满意、评价高,这会强化员工对小微企业价值观的忠心度,发扬小微企业作风,坚持小微企业习俗和礼仪的意向,促使小微企业文化在已有的基础上继续发展。

小微企业形象的形成不能一蹴而就,它有一个发展过程,可以按照一定的步骤一步一步去塑造。塑造小微企业形象可以通过以下几个方面进行。

（一）企业家形象

企业家总是会以某种形象出现在公众面前，或独特或平庸，或精英或江湖，或时尚或土气。总而言之，企业家一定会呈现出一个形象来，对小微企业经营而言，不同的企业家形象会为小微企业形象加分或减分。

既然如此，为了小微企业的健康快速发展，小微企业老板的形象包装就变得并非可有可无了。排名 500 强的企业研究表明，企业领导人的个人形象在企业及品牌形象中所占的比重为 25％～45％。[①] 对于正在成长中的小微企业而言，企业领导人形象与企业品牌形象之间的关系则更为密切。因而，做好小微企业老板的形象包装，就是提升小微企业品牌形象的最有效的方式之一。

1. 企业家形象塑造的内容

企业家形象塑造和小微企业形象塑造在本质上没有什么区别，仅在表现内容上有区别，且都被称为"CI"塑造。而企业家 CI 的三个重要组成部分包括：VI，即小微企业老板在视觉外观上给人的直观感受和特点；MI，即小微企业老板的基本理念和观点；BI，即小微企业老板的行为和做的事情。

企业家的 VI 包括领导人的发型、着装、神态、动作、声音等基本范畴，其职业形象通过具体的社会行为和最终的媒体报道，呈现在大众消费者面前

---

① 　莫可道. 如何打造企业领导人博客[J]. 销售与市场（管理版），2009（09）：48-50.

的往往是照片和新闻影像资料。为了企业家有一个更为统一和完美的形象,我们建议根据企业家的特点进行专门的外观造型设计,以便他/她在公众场合出现的时候有据可依、章法得当,毕竟人还是观感动物,外在形象最能给人留下深刻的印象。

企业家的 MI 主要指其思想,具体表现在其专业观点和生活观点两个方面。除了少数有语言天赋的人之外,一般来说,企业家的语言内涵深刻但不够精练,需要专业的公司对其进行提炼和拔高,使其生动易于记忆。比如狂人李书福的汽车理论:"你想想,汽车无非是四个轮子、一个方向盘、一个发动机、一个车壳,里面加上两个沙发,简单讲就是这样,制造起来有什么难的!"

企业家的 BI 主要指其行为,即其做了什么事、参加了什么活动等。这个方面一般是根据企业家的核心定位策划出来的,让企业家一年在媒体上出现多少次、以什么样的姿态出现、讲什么话和做什么事等。

2.企业家形象塑造的流程和方法

小微企业老板形象塑造要经过定位、执行、传播三大步骤。

(1)定位

"定位"步骤的关键是,根据小微企业老板本身的特点,结合小微企业的品牌定位和社会及消费者对该行业的基本期待,确定小微企业家形象的独特性定位。在寻找其独特性的过程中,需要留意发现其用以维持和谐稳定的共性和用以突破创新的个性特点,一旦确定其核心定位,就需要形成企业家风格、话语体系和观点的设计规范。从形象塑造的实操角度上说,一般离不开四大内容方向,即宏观的产业关怀、方向性的企业战略、具体的业务发展和独特的个人风格等。在具体执行的时候,往往需要四者统一并联动整合起来,以使得企业家形象具有连贯性、延续性和立体感,并始终保持一致性。

(2)执行

企业家往往都有较为深刻的思想,但这些深刻的思想往往过于朴素或者貌似简单。从策划的角度来说,就需要对企业家的这些思想进行概念上的深化和包装,使得其语言具有生动性和记忆点,符合信息传播的基本特征,以便在传播上达到事半功倍的效果。例如习总书记的"绿水青山就是金山银山"理论,就是把高深的经济发展道理生动形象地向广大人民表达出来,不仅通俗易懂,并且易于媒体传播和人们记忆。

在策划实务中,企业家出场的方式极其重要,比如演讲、访问考察、会见参观、担当评委等出场方式,都是塑造企业家形象的重要途径。同时,还可以通过专家学者、社会名流和新闻记者等中立的第三方渠道,去传播企业家形象,以达到取得公信力的效果。例如史玉柱、马云、王石等著名企业家频频出现在各种节目上,或当评委,或为嘉宾专家,不仅提升了节目的收视率,更重要的是提高企业家良好立体的形象的曝光率。

(3)传播

在传播的媒体选择上,因互联网媒体和传统媒体等各个层面和级别的媒体报道倾向和受众范围均有不同,小微企业要根据行业特点及需要量身选择。众所周知,媒体越是权威就越有影响力,在具体媒体的选择上,建议"宁可少而精也不要多而浅"。当然最好的状况是既多又精,因为传播并不是有媒体报道就结束了,而是要进入消费者的视野和内心。所以媒体内容的具体表现,是至关重要的临门一脚,聪明的甲方一般都会在这个环节加大力度、精益求精。

一个成功塑造的小微企业家形象,不仅可以成为小微企业品牌的名片,更是公众记忆和存储企业品牌资产的有效载体。塑造小微企业家形象是使小微企业品牌形象塑造达到事半功倍效果的重要途径,甚至是最省钱、最有效的四两拨千斤的方法之一。特别是对那种企业家本身就有宝贵特点(比如农民企业家、退伍军人、下岗女性再创业者、企业家本人拥有传奇创业史等)的小微企业而言,这更是一个快速有效塑造小微企业品牌形象的手段,是万万不可错失的宝贵资源。

(二)产品形象

1.产品形象的概念

产品是小微企业与外部公众联系的最为直接的纽带。所谓产品形象(Products Identity,简称 PI),是指产品的"硬件"(质量、性能、品种、规格、价格等)和产品的"软件"(名称、商标、外形、包装等)在社会公众心目中留下的印象。产品形象同小微企业形象是密切相关的,是小微企业形象的客观基础。如果一个小微企业没有令人信赖的产品形象,仅靠传播媒介的宣传,至多只能获得社会公众的短期认可,不可能建立良好的企业形象,一些所谓的"明星企业"只能昙花一现的实例就说明了这个问题。

在竞争日趋激烈的现代市场,小微企业要获得市场的一席之地、打开产品销路,就必须从树立产品形象着手,提高产品质量,亮出产品风格,打出产品特色,保持网络通畅,搞好售后服务。只有树立良好的产品形象,产品才有销路,小微企业才有活力。

2.树立产品形象的步骤

（1）树立产品的整体概念

产品是一个复合的概念,在现代经济社会中,企业对产品概念的理解绝不能停留在具体的用途和形象上,而必须从整体上去把握。因为市场营销过程是一个不断满足顾客需要的过程,只有最大限度地使自己的产品接近顾客的需要,才能实现交换,小微企业才能在市场上立足和发展。而顾客的需要是多方面的和复杂的,包括物质的、精神的、生理的和心理的等,顾客寻求的是全方位的满足。而且随着社会的发展,消费者文化层次越高、收入越多,其需求的复杂性和多层次性的程度越高。一般来说,产品整体概念包括三个层次,即核心产品、有形产品和附加产品。核心产品是灵魂,能满足顾客购买产品的根本动机和目的;有形产品是产品设计者对核心产品进行包装后的产品;附加产品就是顾客购买产品时得到的附加服务和利益。现代竞争不仅在于企业生产什么,而且在于它们能为其产品增加些什么内容。[①]小微企业只有按顾客的不同需要制造产品才能长期吸引顾客。

（2）打造过硬产品质量

质量既是产品赖以生存的理化指标（指产品的物理性质、物理性能、化学成分、化学性质、化学性能等技术指标）,又标志着产品满足社会对使用品质需要的程度。在市场经济的条件下,产品质量已经成为小微企业生存发展的决定性因素。只有将高质量与先进性统一起来,才能给产品赋予顽强

---

① 郭国庆,陈凯.市场营销学（第 6 版）[M].北京:中国人民大学出版社,2019.

的生命,从而发挥其应有的优势。小微企业要真正地、长期地在市场上站住脚,必须有高质量的产品,生产假冒伪劣产品实际上是一种急功近利、目光短浅、坑人又害己的做法。从长远看,只有高质量才会有高效益,这是市场的客观规律。

(3)形成产品特色

产品特色能使企业自身的产品与其他竞争产品有效地区别开来,因而越是具有特色(当然是受消费者欢迎的特色)的产品就越具有竞争力,它能帮助小微企业击败对手。产品的特色要能吸引消费者的注意和重视,并能为消费者带来利益,设计者要善于随环境的变化不断创新。做好这项工作的最好途径是通过对购买者的调查和了解,掌握用户的需要及其愿为每种特色支付的价格,在成本与效果的平衡中确定其产品特色内容。良好的设计能够吸引人们的注意力,改善产品功能,降低生产成本,同时还能使产品增值。消费者普遍具有求新好奇的心理,因此产品最好能出奇制胜。

(4)注重产品包装

小微企业首先要建立包装概念,也就是确定产品包装的主要功用,如是以保护功能为主,还是以促销功能为主。其次就是进行具体设计,包括对材料、大小、形状、色彩、图案、文字等要素的设计。要使上述要素合理搭配、协调统一,同时还必须和定价、渠道、广告及其他营销要素相配合。再次就是做一些必要的实验,包括工程技术测试、视觉测试、经销商测试、消费者测试等,从各方面考查设计的效果和质量是否符合要求。

(5)做好宣传工作

当今世界处在一个高速发展的信息时代,信息成为人类赖以生存的重要资源,广告所起到的传播信息、沟通产销的作用也就愈来愈明显。广告能迅速广泛地传播商品信息、产销信息,让公众及时了解产品的性能、特点、价格等,在心中形成关于该产品的良好印象。今天的小微企业必须要懂得借助市场经济中最锐利的武器——广告,来扩大企业及产品的知名度,提高市场占有率,促进企业良性发展。高频率、全方位的广告宣传对于提高一个企业及产品的知名度是至关重要的,经过反复的广告宣传,人们会逐渐认识企业、熟悉企业、喜欢企业,最终达到偏爱这个企业生产的产品的程度。广告还可以通过诱导、激发消费者的需求来起到促销作用。在市场营销活动中有一个显而易见的事实:消费靠引导。广告不仅向人们传递了信息,更重要的是激发了人们的潜在需求,甚至制造了人们的未来需求,吸引了消费者的注意,营造了一种消费时尚,这在新产品广告上表现得尤为突出。

(6)做好售前、售中、售后服务

小微企业要以质量为准绳,加强服务意识,确保客户满意,懂得服务对长期效益的重要性,奠定小微企业的立业基础。售前要经常征求客户意见,了解客户需求;售中对客户要热情招待,笑脸相迎,有问必答,并认真做好货源、宣传品、电话、传真记录,发货要及时准确,使货物按规定时间送达,使客户满意;售后要建立客户档案,并及时分析解决消费者对产品质量的质疑和投诉,及时回复信件并处理兑奖承诺,让客户及消费者无后顾之忧。只有加强售前、售中、售后服务,让消费者放心、让消费者满意,才能从根本上达到提升产品形象的目的。

(7)有商标产权意识

加强商标保护意识。对系列产品进行商标注册,同时对核心产品的周边图案也须做保护性注册,防止某些企业抢注商标或注册类似商标,影响本企业产品形象。对因特殊情况或生产需要而进行商标使用授权的企业进行定期和不定期考核检查,严防授权企业的企业形象、产品质量影响原有品牌的形象。

(8)注意产品的生命周期和新产品的开发

任何产品都有其生命周期,要保持产品经久不衰,就必须不断地进行新产品开发,对老产品的优点加以继承,对缺点加以改进,不断满足消费者的需求。首先,根据市场需求和经营工作的需要,制定新产品开发的年度计划,并在实施过程中根据经营形势和市场的实际情况及时调整开发计划。其次,进行新产品开发前的市场调研与分析,重点是进行市场需求与消费者行为分析,分析居民收入状况、风俗习惯、消费倾向,以及销售前景和市场主要竞争对手的产品结构、包装、价位等,确定新开发产品的成本(包括材料、工资等)定位、利润定位及上市后所需要的宣传费用。再次,根据新产品周期情况和经营形势(包括销售情况、风俗习惯、消费水平等)确定新开发产品投放市场的时间、区域及投放形式(直销、普销、专销)等,以维护和提升小微企业产品形象。

产品形象是小微企业形象的一个综合体现,要树立产品形象,就必须对小微企业的方方面面进行整合,任何一方面出现问题都会影响产品形象。除上述几点外,它还与企业知名度、产品销售网络机制、产品市场占有率等有着密不可分的关系。小微企业要发展就必须有创名牌产品的理念,名牌产品创立后,更应该有巩固和发展产品形象的思想。只有这样,产品才有真正的活力,企业才有长足的发展。

(三)服务形象

任何一个社会组织都可以以自己的独特方式向相关公众提供必要的服务。从企业的角度来分析,世界上最佳的企业往往都把自己的业务称作服务。它们对尽善尽美的服务的追求几乎到了狂热的程度,并且因此取得了巨大成功。由于科技不断发展,企业间产品的规格、性能、技术指标、质量十分接近,在独占蛋糕的可能性越来越小的情况下,就剩下最后一个可以一争高低的战场了,那就是服务。当代市场竞争,归根结底是争夺消费者的竞争。现代消费者不是简单的有钱并想购买商品满足物质需求的人,而是有文化素养、价值追求、感情需要的人。今天,顾客走进商店,与其说是为了买商品,不如说是为了买服务。

近年来,有不少小微企业在媒体上大打"形象牌",所采取的就是形象策略,其目的在于创造出有别于(或优于)竞争对手的形象,以建立所提供之商品或服务的期望价值,争取消费者的信任。一旦消费者心中建立了有关某小微企业的坚实的良好形象,自然会源源不绝地上门,这是最成功的广告。

1.服务形象的概念

服务形象,指的是在服务提供者所提供的服务及提供服务的过程中,顾客所形成的印象、认知或看法的综合体。因而,凡是在服务的提供过程中或在服务本身中,顾客所能看到、感受到、体会到的任何事件、景象及事物,都涵盖在服务形象中,诸如办公室、卖场或其他工作场所的布置与整洁程度,服务人员的服装仪容、态度、应对技巧及处理方式,提供服务的流程、时间、等候时间及反应的时效,对顾客的尊重及重视的程度等。

2.服务形象的塑造

服务形象是要顾客亲身体验的,因此,必须要求小微企业全体员工去实践,让服务形象能真正落实。许多加油站为了招揽生意,服务人员会帮顾客洗玻璃窗及引擎盖,但有些人只是心不甘情不愿地刷两下。有不少服务型企业的大门口及电梯口都有员工鞠躬欠身说"欢迎光临",表面上做到了以客为尊,但眼睛并没有看着顾客。这些情况对服务形象的提升不但没有帮助,还会造成反效果。因此,在塑造服务形象时,需要全体员工落实,而且要发自内心做好。

还有一些小微企业在互联网媒体上猛打形象广告,这些广告往往夸大其词,虽然短期内会招徕一些顾客,但长远下来,对服务形象及服务品质也会有负面影响。因为顾客的期望品质会受到广告的影响,如果小微企业无法做到广告上所说的程度时,顾客会降低认知品质,甚至会失望,如此一来,顾客对小微企业服务品质的评价自然是负面的。所以说,塑造服务形象时一定要做到名实相符。

塑造服务形象说来简单,做起来却不容易,需要有决心、有计划地执行。以下提供了一些具体有效的做法。

(1)管理层的重视与决心

这是最根本的条件,如果欠缺各层次管理者(尤其是最高层的管理者)的重视、决心与支持,则连推动都成问题。所以,在推动塑造服务形象的过程中,小微企业家及其他企业管理人员扮演了举足轻重的角色。

(2)全员的共识

只有管理者一头热也不行,必须要小微企业全体员工有高度的共识才行。必须让大家都能认识到服务形象的提升是必要的，并且承诺会全力支持与配合。

（3）拟订妥帖的推行计划

服务形象可说是知易行难，因此必须先拟妥推行计划，包括推行项目、推行方式、相关活动日程表、所欲达成之目标、推行步骤等，然后去执行、检讨、改进。

（4）全面性的教育训练

进行全面性的教育训练规划，然后有计划地实施。要将一定比例的注意力和资源放在观念的灌输、共识的建立及心理建设上面，才能促使推动计划有效执行。

（5）设定奖励办法

在推动的过程中，管理者要能以身作则、全力督导，以形成"推"的力量。但这还不够，对表现好的员工要有所奖励，形成"拉"的力量。奖励要公平公正，所以要制定良好的激励办法。

（6）定期的核查与改进

人都有惰性，也常会疏忽，所以需要被时常督促，做定时或不定时的核查与检讨。对于未达预期目标的项目活动，应提出改进的建议，并责成相关部门改进。

确实执行方式与步骤，对良好服务形象的建立及服务品质的提升有很大的助益。但服务形象的塑造需要有恒心才行，如果只是五分钟热度，则将徒劳无功。因此，小微企业的各层管理者一定要有决心、有毅力坚持下去，才能有丰硕的收获，也才能让塑造服务形象的策略取得良好效果。

三、创建小微企业营销文化

营销文化是指在一定的社会文化背景下,企业在营销过程中所创造的营销哲学和价值观念,以及与营销理念相适应的各种规范制度的总称。它是在执行一系列营销策略的基础上形成的一种文化现象,是一种高起点、智力型的竞争手段。它服务并服从于企业的价值目标,渗透营销过程的各个环节,是影响消费者购买欲望及购买行为的重要因素。

小微企业营销的主要目标不是追求销售量的短期增长,而是着眼于长久地占领市场阵地。这就需要小微企业在营销文化上不断创新,以实现营销目标。而创建小微企业营销文化,可以从以下三个方面入手。

(一)客户导向

客户导向,是指小微企业以满足顾客需求、为顾客提供更高价值为企业经营出发点,在经营过程中,特别注意顾客的消费能力、消费偏好及消费行为,动态地满足客户需求,并争取超越客户期望。

小微企业要把以顾客为关注焦点的原则贯彻落实到日常经营活动之中,首先应结合企业的业务特点确认影响顾客满意的关键过程,对这些过程进行严格控制,不断改进不足之处,具体可以从以下几个方面开展工作。

1.强化客户至上的意识

在小微企业内部通过各种渠道宣传顾客对于企业的重要意义,培养各部门的顾客意识,把顾客利益和企业利益统一起来,特别是小微企业的最高管理者必须主动积极地向员工(包括管理者代表)宣讲满足顾客要求的重要性,并在实际工作中体现顾客至上的管理理念,提倡换位意识,倡导员工从顾客的角度来看待质量问题、解决质量问题。

国内外有许多成功企业的做法值得借鉴。如日本某公司的一名司机在商店发现公司生产的果酱的包装存在问题,为防止对公司良好的质量形象造成不良影响,这位司机自己掏钱买下了那箱包装有问题的果酱,然后将其带回公司,交由有关部门进行分析处理。再如中国滚筒洗衣机行业领先者——小鸭集团在发现某型号洗衣机的某个部件存在质量隐患后,并没有抱侥幸心理掩盖问题或等该部件发生故障后才予以更换,而是采取了以下措施:一方面,从顾客的角度考虑,本着防患于未然的原则,挨家挨户更换了该部件,赢得了顾客的信赖;另一方面,对此次事件进行了认真查处并采取了纠正预防措施,有效防止了此类事件再度发生。小鸭集团不仅保护广大顾客的利益,也为企业吸引了更多的用户。

2.识别客户需要

小微企业要提供顾客需要的产品,首先必须知道顾客到底需要什么,因此识别顾客需要是小微企业工作的起点。识别顾客需要的途径有很多,如与产品有关要求的确定、与产品有关要求的评审、管理评审、顾客反馈(包括顾客建议和顾客抱怨）、市场调查、销售人员反馈、服务人员反馈、设计人员创思等。[①] 对顾客需求不仅要定性地加以分析，还要定量地加以研究，防止质量不足和质量过剩的情况出现。识别顾客需求，是进行产品质量定位的前提。对顾客需求把握不准，设计生产出来的产品就没有坚实的市场基础，产品做得再精细、广告做得再多，也难以激起顾客的购买欲。因此，准确地识别顾客的需求，是小微企业赢得顾客的第一步。

3.满足客户需求

顾客需求的满足，体现在产品成功实现生产交付的一系列过程中：通过产品的设计与改进反映顾客的需求，通过资源管理提供满足顾客需求所必需的资源，通过生产制造达到设计的要求，通过质量检验确保产品达到设计标准，通过包装、储存、交付和保护来保持产品的质量……其中任何过程出现问题都会使产品无法满足顾客需求，因而在所有安排均已圆满完成之前，除非得到有关授权人员的批准，得到顾客的批准，不得交付产品。

因此，在产品实现的每个环节，都需要进行质量控制，而这些控制显然不是质检部门或质量管理部门能够完全承担的，必须由处于最佳位置的人员来实施这些措施。例如，在生产过程中发现某些产品的零部件存在质量问题很容易，但在组装以后却很难发现。此时，该零部件的生产作业者显然比质检员处于更有利的位置，如果作业者不主动控制质量，仅仅依靠质检员把关，产品质量就难以从根本上得到保证。

---

① 温德成,刘华芬,张春杰.顾客导向：质量管理的灵魂[J].德州学院学报,2003(02):25-28.

春兰集团曾经发生过螺钉事件。多年前,春兰空调旺销之际,某组装工人下班时发现剩下两个紧固螺钉,这意味着当天装配的空调中有1～2台少上了紧固螺钉。尽管此时产品已打包,厂外有排队等待提货的车辆,但车间还是逐一拆箱检查,终于找到了缺少螺钉的空调。试想,如果操作工人发现了剩余的螺钉却隐而不报的话,这批产品就被交付给了用户。可见,要满足顾客的需求,必须识别与此有关的活动,并明确人员职责,采取相应的奖惩措施,使员工的利益与顾客满意度结合起来,通过过程中的自我控制来确保顾客的要求得到满足。

4.评价客户满意度

顾客的需求是否得到了满足、在多大程度上得到了满足,是评定企业质量管理体系业绩、进行质量改进的重要依据。因此建立科学合理的顾客满意信息收集系统、及时准确地掌握顾客满意的信息、客观公正评价顾客满意度是企业质量管理的重要内容。对于顾客满意的信息,应积极主动地通过多种渠道——如顾客投诉、营销服务人员反馈、电话调查、邮寄调查、抽样面谈调查、用户座谈会、媒体报道等——加以收集,以确保顾客满意信息的准确性、及时性和全面性。需要注意的是,有的企业仅以顾客投诉情况来评价顾客满意度,这是不可靠的,因为顾客没有投诉并不意味着顾客是满意的。

为准确评价顾客满意度,小微企业可确立科学合理的评价体系,避免简单应付地估算顾客满意度。顾客满意度的变化应能体现企业质量工作、经营业绩的变化。因此,对每次测评的顾客满意度结果必须认真分析,并将其作为管理评审和质量改进的依据。特别值得注意的是,在内部审核中,要将顾客满意度作为审核的重要内容,并认真评价顾客是否已成为企业关注的焦点。

(二)团队精神

团队精神,简单来说就是大局意识、协作精神和服务精神的集中体现。团队精神的基础是尊重个人的兴趣和成就,核心是协同合作,最高境界是全体成员的向心力、凝聚力,反映的是个体利益和整体利益的统一,并进而保证组织的高效率运转。挥洒个性、表现特长保证了成员共同完成任务目标的可能性,而明确的协作意愿和协作方式则推动产生了真正的向心力。

团队精神是小微企业营销文化重要的一部分内容,日益成为一个重要的团队文化因素。小微企业受到规模限制,团队人数往往较少,因此更要求团队分工合理,将每个员工放在适合的位置上,使其能够最大限度地发挥自己的才能,并通过完善的制度、配套的措施,使全体员工形成一个有机的整体,为实现小微企业的目标而奋斗。

团队精神的养成可以从以下几个方面入手。

1.明确提出团队目标

目标是把员工凝聚在一起的力量,是鼓舞员工团结奋斗的动力,也是督促团队成员的尺度。要注意用切合实际的目标凝聚人、团结人,调动人的积极性。

2.健全团队管理制度

管理工作使员工的行为制度化、规范化。好的团队都应该有健全完善的制度规范,如果缺乏有效的制度,就无法形成纪律严明、作风过硬的团队。

3.创造良好的沟通环境

有效的沟通能及时消除和化解领导与成员之间、各部门之间、成员之间的分歧与矛盾。因此,必须建立良好的沟通环境,以增强团队凝聚力,减少内耗。

4.尊重每个人

尊重人是调动人的积极性的重要前提。尊重团队中的每个人,人人都能感受到团队的温馨。关心员工的工作与生活,将会极大地激发员工献身事业的决心。

5.引导员工参与管理

小微企业中,每个员工都有参与管理的欲望和要求。因而正确引导和鼓励这种愿望,就会使团队成员积极为团队发展出谋划策,贡献自己的力量与智慧。

6.增强成员全局观念

团结提升战斗力。团队成员不能过分计较个人利益和局部利益,要将个人、部门的追求融入团队的总体目标中去,如此才能达到团队整体的最佳效益。团队中的成员一定要做到风雨同行、同舟共济,没有团队合作的精神,仅凭一个人的力量无论如何也达不到理想的工作效果,只有通过集体的力量,充分发挥团队精神,才能使工作做得更出色。

(三)心理文化建设

不同的国家有不同的文化,同一国家不同的地区有不同的文化,同一地区不同的民族有不同的文化,同一民族的不同消费者有不同的心理。因此,小微企业在进行市场营销时,必须考虑小微企业营销目标地区的人们的教育状况、宗教信仰、风俗习惯、价值观念、审美观念等心理文化环境及当地流行的亚文化,这些心理文化因素对人们的消费心理和行为是有影响的。在小微企业营销文化的构建中,必须要考虑以下关键因素。

1.注重传统文化建设

传统文化观念是历史传统与文化传统的积淀,综合反映某个国家、某个地区人民的消费价值观及对特定商品的生产需求。所以人的消费意识与消费行为是一定社会文化的产物,是文化熏陶、感染、教化的结果。

（1）体现民族精神

各个国家的人民在长期发展过程中形成了热爱祖国、热爱民族的深厚情感，这种情感会通过种种形式表现出来。民族精神在产品销售中的作用不可小视。新中国成立前，宋棐卿在天津开办了著名的东亚毛呢纺织有限公司，该公司的品牌以两个羊顶角图案为标志，并被命名为"抵羊"牌。"抵羊"暗含抵制洋货的含义，恰好符合当时举国上下抵制洋货的大众心理，这种体现"国人资本，国人制造"的毛绒一经问世便备受欢迎。当国内电器四川长虹战胜众多国外品牌的挑战，在市场上独树一帜时，我们不难发现"长虹以民族昌盛为己任"这句广告词对中国消费者产生的精神上的影响。中美贸易战中，美国对华为的全方位制裁，更是激起了国人对民族品牌的支持和保护欲。

（2）延伸传统观念

儒家文化强调整体原则，重视合群，提倡为他人、为社会奉献的"和"的精神。中国长期受儒家文化的影响，人们在思想意识上推崇仁爱，主张人性本善和厚德载物，重视人际关系的和谐，喜欢通过彼此间的感情投入与回报建立起一种亲和关系。在儒家文化影响下，人们在消费行为上表现为求同和从众心理，习惯与周围环境、与他人保持一致，不过分突出自己，不愿与别人产生差距和隔阂，比较容易接受大众化的商品。此外，儒家文化追求贤者的精神境界，讲求道德感，注重通过人品的修炼达到完美的人格，节制个人欲望被视为一种美德，这在消费行为上表现为注重商品的实用性和耐用性。

2.注重民族文化建设

不同国家、不同民族、不同地域和不同类型的群体，都有各自独特的风俗习惯,在衣食住行等方面都表现出不同的消费特点。

(1)体现民族特色消费观

在不同节日有不同的消费品。中国汉族人过春节吃饺子、吃年糕、放鞭炮,元宵节吃元宵、耍龙灯,端午节吃粽子,中秋节吃月饼,鞭炮、粽子、月饼等都是特殊节日的特殊消费品。中国其他民族如藏族的藏历年、傣族的泼水节、水族的端节、拉祜族的扩塔节、柯尔克孜族的诺劳孜节都相当于汉族的春节,这些民族的人民都需要有各自富有民族特色的节日商品。欧美国家的圣诞节、感恩节也有特殊的消费品,如圣诞树、圣诞糖果、蜡烛、火鸡等。不同民族的消费习俗都是由各民族传统文化所决定的,小微企业应深入研究民族文化,对市场做出正确判断和决策,生产出适应不同民族文化特色的商品来。

(2)重视地域文化的影响

地域文化的形成往往和当地的历史传统与文化传统密切相关,不同地域由于受到自然环境和社会环境的制约和影响,会形成不同的地域文化特征,地域文化特征必然对商品生产的取材、加工及人们的消费习惯产生深刻的影响,从而形成带有浓厚地域文化色彩的商品。中东地区气候炎热,人们容易出汗,因此喜欢用气味浓烈的香水。该地区少有凉风,气温高达四五十摄氏度,当地人因此喜欢用清爽易挥发的化妆品,所以在许多高寒地区国家大为流行的含油脂多的化妆品在此便无人问津。从中国不同地区的饮食习惯来看,四川人喜食麻辣,浙江人爱吃甜食,山西人喜食醋等习惯,都是受到当地自然环境条件的影响而形成的。在世界范围内,商品的地域文化特色尤为突出,一些具有中国传统文化特色的商品如丝绸、刺绣、手工地毯等,不仅在市场上具有很强的竞争力,而且在世界范围内得到广泛传播,弘扬中华民族源远流长的传统文化。

3.注重社会时尚与文化差异建设

不同文化的差异表现在各个方面。社会时尚作为商品文化的一个重要方面,是广大社会阶层中广泛传播和崇尚的风潮。社会时尚在消费上表现为一定时期内人们对事物的崇尚和追求等。不同历史时期的社会时尚不同,人们的消费行为也表现各异。而一种新的社会时尚的出现,是与社会上所流行的生活观念分不开的,当一种新的人生观在社会意识形态中占据重要地位时,它往往可以改变社会时尚。

(1)政治经济影响着一定时期内人们的消费心理和行为

民国初年,辛亥革命的风暴不仅猛烈地冲击了封建社会的上层建筑,也影响了人们日常生活的许多方面,形成了一代新风尚。辛亥革命后,为适应社会时尚的转变,以往服饰上的那种古板、单调、等级森严的设计被生动活泼、千变万化的图案花色所取代。人们在选择服饰时,不再重视身价贵贱,而是以美观新奇为时尚。又如,改革开放以来,十分流行的夹克衫、宽松衫、休闲服、运动装,则体现了和谐的政治气氛下自由、活泼的生活追求。

(2)社会心理使商品消费呈现特定的现象

社会心理因时代、地域的变化,生活习惯、个人文化的差别而有悬殊差别。红色历来被中国视为美满的象征,所以民间婚姻喜事都喜欢以红色为主色调,以呈现欢庆热闹的气氛;中东地区国家的人们见惯黄沙弥漫,因而特别珍爱绿色;日本人忌绿色,认为绿色是不祥的颜色,还忌荷花,认为荷花是不洁之物。中国人喜欢人情味浓厚,青睐表现团结精神且吉祥如意的店名,如"同仁堂"药店、"全聚德"烤鸭店、"友谊"宾馆等;而西方消费者更青睐一些奇异、怪诞的店名,如"快乐的早晨""跳蚤"等。

（3）生活方式对消费心理和行为的影响

生活方式是文化所赋予的一种社会活动方式，就是消费者自由支配自己的时间、金钱和精力的方式，包括生活水平、生活质量、生活风格几个方面。文化与生活方式有着极为密切的联系，文化使人们遵循一定的生活样式，教育人们以什么样的方式、方法去生活，如衣食住行、婚丧嫁娶、接人待物，等等。在不同的社会文化背景下，人们的生活方式会产生较大的差异，自然会形成不同的消费心理与购买行为。例如，在西方发达国家，由于生活节奏快，人们喜欢到快餐店就餐，即使是在家就餐，也是购买半成品烧菜做饭，所以快餐食品、速溶食品、半成品菜非常流行，有很大的市场需求。而就中国居民的饮食习惯来说，中国人喜欢购买各种主副食品原料，自己烹调，既使食物合口味，又很经济。相比之下，对快餐食品、速溶食品，人们只是在外出办事或条件不许可的情况下才偶尔消费。

生活方式对消费的影响还体现在每当生活方式发生变化，人们的消费行为也随之改变。例如，随着国内民众生活水平的提高，国际交往的增多，人们生活中对美的需求在增加。就妇女的穿着打扮来说，妇女过去单调、呆板、老套的服装、发式被各种流行时装、时髦发式取代。不仅结婚的妇女烫发，就连女孩子也经常烫各种时兴的发式。自然，人们对这些方面产品的需求明显增大，如各种时装、化妆用品、烫发护发用品等。

随着居民消费水平的提高，消费者对商品的需求的特征也由过去的价廉、量大，转为质优、量小。其中最突出的表现在有关孩子的消费上。例如过去一套衣服家里几个小孩轮着穿，"新老大，旧老二，缝缝补补破老三"这种"惨状"一去不复返。现在，每个家庭只有一两个小孩，却有6个大人（爷爷、奶奶、姥爷、姥姥、爸爸、妈妈）为其买衣服。对儿童服装的需求也趋于高档化，只要美观、漂亮、孩子喜欢，就不计较价格高低。又例如，家长购买儿童玩具,考虑的是对孩子进行智力开发。因此,各种高档智能玩具成了畅销商品。

(4)价值观念对消费心理和行为的影响

价值观念,是指人们对客观事物的主观评价,它是文化的基本内涵。但不同的文化决定着人们不同的价值观念与价值取向。

人们的物质生活离不开对精神的追求,它赋予人们社会活动一定的思想感情,使人们形成对人生、对生活特有的价值观念和价值取向。穿衣戴帽,各有所好,它不仅是一种兴趣、一种爱好,更主要的它是一种文化的表现。例如一些发达国家的日常消费品如冰箱、彩电等,对 20 世纪 80 年代初期的中国人来说是十分昂贵的高档商品,许多人把拥有这些商品看作是富有的象征。这种价值观念的差别,体现在人们消费活动的各个方面。在经济发达的国家,大多数人热衷生活上的舒适享受,消费支出往往超出其收入水平,因此分期付款、赊销的交易形式非常盛行。人们购买大件商品,如汽车、住房等,既可以分期付款,也可以从银行借钱支付,而且借钱越多,信誉越高。而在中国,情况恰好相反,人们习惯攒钱买东西,不习惯借钱买东西,因为借钱会被认为是不会过日子。因此,人们将商品的选择局限在有货币支付能力的范围内。老一辈的国人往往都比较节俭,有计划地花钱,尽量把钱存起来,用在结婚、孩子上学、养老治病等方面。而 90 后、00 后的年轻一代的消费者的消费行为已经有了很大变化。

4.注重情感文化建设

情感营销是以感性观点来分析人们的消费行为,把对个人的感性需求的满足作为品牌文化营销的核心。情感营销来源于人们的感性消费。现代市场营销理论认为,消费者需求的发展变化大致可分为三个阶段,即"量和价的满足时代""质的满足时代"和"感性的满足时代"。在感性的满足时代,商品只有做到时尚化、风格化、个性化、情感化,以深厚热烈的情感为基础,才能赢得消费者的心理认同,从而使消费者产生消费欲望与购买行为。

在现代社会人们购买商品不仅是因为它有用,而且是为了显示自我和与众不同。消费需求的差异化、个性化、多样化,使现代消费观念进入了重视心理价值、精神价值、机能价值的时代,即人们更加重视个性的满足,精神的愉悦、舒适及优越感。这种消费现象被专家称为"感性消费"。以满足人们心理感受作为重要衡量标准的商品被称作"感性商品"。感性商品有明亮感、活泼感、充实感、自然感、复古感、精致感、时代感等特征。此类消费特色正是现代社会众多消费者所刻意追求的,情感消费已成为现代消费市场的热门话题,推动了感性消费时代的到来。

5.重视审美观的差异

审美观是深层次的文化,它与价值观、消费习俗、宗教信仰有着极为密切的联系。价值观、消费习俗、宗教信仰不同,审美观自然也有极大的差异。

审美观的差异性对品牌的规划、市场的定位、产品的设计和制造、广告宣传的诉求、营销组合都有着普遍的影响。审美观的变化直接影响人们对商品消费需求的变化,形成特定的商品流行现象。消费者求新、求异、追赶时髦的心理状态是商品流行和发展的内在动力,某种流行性商品形成刺激,在持续产生相同的刺激时,消费者的刺激感将会减弱,消费者对该种流行性商品感到厌倦时,就会追求新的商品刺激,由此而产生新的流行性商品,从而推动商品消费的发展和变化。

从商品文化的意义及其对商品消费的影响看,在市场经济环境中,商品应与文化相结合,文化还应与消费相结合。同时,市场化不仅把一切文化产品变成了商业化的商品,而且把生产和享受文化产品的人变成了商品——"商品人"。所谓"商品人",意味着普遍的市场化从根本上改变了人的生活方式和存在的意义,即不仅他的一切生活资料是通过市场交换获得的,而且他的自我存在也是通过市场交换实现的。正是在这个意义上,文化对于个人存在的独特意义在市场内部重新产生。

商品文化是一个不断创新、不断发展的概念,影响商品消费的文化因素也纷繁复杂、多种多样。企业经营者必须充分考虑和利用商品文化,及时了解和把握消费者的消费心理和行为在商品文化作用下的变化,开发研制出符合消费者消费倾向的产品,制定最佳的能满足消费者消费欲望的营销策略,生产和销售能满足消费者不断发展和变化的需求的商品,提高企业的效益,才能使企业在激烈的市场竞争中立于不败之地。

四、构建小微企业传媒文化

(一)广告文化

企业广告文化是指企业在执行一系列广告策略基础上形成的一种文化现象。它是一种高强度、智力型的竞争手段,服务并服从于企业的价值目标,渗透广告过程的各个环节,是影响人们的购买欲望及购买行为的重要因素之一。广告文化是企业广告的一种外化形式,是由广告从业人员、企业广告管理者及策划人员基于社会广告文化及本企业文化所共同创造出来的一种广告表现形式,随着整个社会广告文化及本企业广告的变化而变化。

按照不同的目的与要求,可将小微企业广告文化分为产品广告文化与形象广告文化两大类。

1. 小微企业产品广告文化

广告的最终目的是推销产品,消费者对美好事物的追求表现出不同的心理需求,其对产品广告的文化需求也是如此。因此产品广告不可避免地带有消费者价值观、宗教信仰、风俗习惯及审美趣味等因素,从而表现出不同文化特点。

(1)产品广告文化在宗教信仰上的表现

产品本身及设计、商标、包装、广告等都应充分尊重当地消费者的信仰,切勿触犯他们的禁忌,否则就会处处遭受冷遇。特别是产品的广告宣传具有覆盖面广、易于传播的特点,哪怕出现一点差错都会造成特别严重的后果,极有可能导致整个产品营销的失败。如对伊斯兰国家的产品广告就不能用伊斯兰教的创始人穆罕默德的名字或人像。

另外,由于各民族在物质和文化生活中的特点不同,这些不同的特点自然影响着他们的消费需求,并形成一些特殊消费群。如藏族群众对藏刀有需求,这类企业的产品广告投放区域就应倾向西藏各市、县(市、区)。

(2)产品广告文化在价值观上的表现

消费者因为文化修养和觉悟的不同产生不同的价值观,不同的价值观影响消费者对商品的需求度和对广告的接受度。在评价某商品广告的好坏优劣时,他们的需要、期望、情感体验等心理因素起着重要的作用,使得他们对同一商品广告有着不同的看法。这时产品广告应针对不同群体的不同价值观采取不同的文化策略。

(3)产品广告文化在风俗习惯上的表现

风俗习惯对消费行为的影响也是很明显的,如节日、礼仪、建筑风格、服饰等均和消费行为有关。如可口可乐以中国春节为题的电视广告,画面以红色为主,突出了喜庆、团圆、欢乐的氛围,把民族节日和企业精神巧妙地糅合在一起,与具有中国文化背景的消费者在文化品位上实现沟通。

(4)产品广告文化在审美趣味上的表现

消费者价值观念的不同反映在审美上也有很大的差异。中国广告的创作更多地表现了中华民族的审美趣味、观念和方法,抓住了商品能够吸引消费者的某一方面,而不是简单地图解商品性能或者再现商品的生产流程。就绘画而言,西方人崇尚油画,而中国大众则认为中国画更有欣赏价值。中国画注意对空白的运用,中国广告要使消费者体验虚与实相间的美感,从而使其更容易被吸引。另外,表现在色彩、形象、诗文等方面的审美情趣,同样为广告创作提供了天地,使广告更具民族文化的特点。

2.小微企业形象广告文化

小微企业形象广告是以宣传小微企业形象为主的一种广告宣传形式,它是企业通过广告宣传来塑造和传播企业的整体形象,向社会表明企业的理念、方针、目标、规模及对社会的贡献等,从而寻求消费者的理解并赢得消费者好感的广告。小微企业形象广告文化是企业文化传播上最快速、最有效的途径之一。小微企业形象广告文化主要通过以下几种形式的广告得以体现。

（1）企业理念方面的广告

理念方面的广告是向社会公众传播企业精神、价值观念、经营方针等内容的广告，这在CIS中被称为MI。其中，企业精神是企业形象的精髓，是统一企业全体员工的基本准则，同时也是提升企业凝聚力和企业活力的基础。

（2）企业视觉方面的广告

视觉方面的广告是向公众传递企业名称、企业标志等诸内容的广告，它在CIS中被称为VI。视觉广告实际上是反映企业理念并联系企业行为的一种宣传。

企业视觉形象广告往往集中体现在企业标志或商标上，也就是说企业的标志或商标是出现频率最高、给公众印象最深的视觉广告。因此大多数企业都是委托专业公司精心设计标志或商标，在一般情况下不会轻易更改自己的标志或商标。当然，视觉广告还应包括企业制服、产品包装等。但是无论从传播的空间范围还是时间长度来看，企业的标志或商标都具有更重要的作用。在设计企业形象广告时，一定要把企业标志或商标作为企业视觉形象传播的重点，体现企业的广告文化风格。

（3）企业行为方面的广告

行为方面的广告是向社会公众展示企业整个经营管理行为（包括营利性行为和非直接营利性行为）内容的广告，也就是CIS中的BI。其中营利性行为方面的广告，应被理解为广义的企业形象广告，即以树立企业形象为目的的产品广告、服务广告、促销广告及企业实力广告。所谓产品广告就是将某个商品广而告之，如"挡不住的感觉，就是可口可乐"。所谓服务广告就是向消费者宣传某一种服务，如经常可见的百货公司、金融保险公司、旅行社的广告。所谓促销广告是以促进企业销售或服务为目的的一种广告形式，如减价促销、随货附赠、抽奖猜奖、以旧换新、免费送样品等。非直接营利性行为方面的广告,可以被理解为狭义的企业形象广告。这种广告的本身就是为了树立企业形象,如社会责任广告、企业事件广告、企业礼仪广告及对企业管理水平的宣传等。

(二)广告策划与实施方案

广告策划是根据广告主营销战略策略、市场竞争者状况、消费者需求和广告环境,遵循系统性、可行性、针对性、创造性、效益性原则,为广告主的整体经营提供规范科学的广告活动规划方案的决策活动过程。

1.广告策划的技巧

在广告策划中,为了取得轰动效应和辐射效应,尽快引起公众的注意与认同,应该高度重视谋略化思维的运用,主要包括三个方面。

(1)"势"的运筹

"势"不仅能够直接增强小微企业广告战略的客观效果,而且具有"膨胀效应",能够不断找到社会环境中各种有利因素的支持,使有利的局势不断延续和扩大,无限扩大小微企业广告宣传活动的影响范围。"势"的策划技巧主要有以下几种。

①"借势"。即把广告的宣传、推广活动与社会知名人士、群体性事件联系起来,借助他们提高广告宣传的影响力。如新冠疫情期间,很多小微企业借助积极抗疫事件,提升企业知名度。

②"组势"。即把同行业或相关行业的力量组合起来,组建专题化广告阵势,形成宏大的气势,影响公众的心理活动,以此提高企业在消费者心中的权威感和实力感。

③"定势"。即将在公众市场中具有示范效应、处于商业"制高点"的大都市、大商场,作为宣传、展示企业形象的广告宣传阵地,借助这些大都市、大商场的特殊形象,提高广告作品的影响力。

④"炒势"。即利用新闻媒介在公众心目中的权威形象和传播优势,组织撰写新闻稿件,开展各种形式的新闻传播活动,吸引公众的广泛关注。

⑤"造势"。即在推行广告宣传战略前期,围绕宣传的需要,小微企业自己策划、组织系列化的相关活动,扩大声势,创造出良好的社会环境。

(2)"时"的运筹

在广告战略中,时间因素并不仅仅是一个实施的时间问题,它对于提高广告宣传的有效性具有重要的意义。在"时"的运筹方面应该注意以下几个方面的要求。

①"先知"。即根据社会发展趋势和社会需求的变化态势,进行科学的调查和分析预测,预先掌握公众在未来某一时间内的基本要求,从大局中找出推行广告宣传战略的良好时机。

②"先算"。即事先排定企业举办重大活动的时间表、市场上的商品消费旺季时间表、社会上的节假日时间表,从这些时间表中推选出进行广告宣传的最佳时间。

③"先选"。即善于在众多的时间表中选择时机,率先推行广告宣传,以取得独树一帜的宣传效应。

(3)"术"的运筹

在广告宣传的实施文案中,方式、方法、途径是最为关键的因素。方式、方法选择恰当,就可以最大限度地引起人们的注意,并引导公众做出有利于企业的市场反应,使企业达到开拓公众市场的目的。

2.广告形象选择与定位

要想做出好广告,一定要有较好的广告定位,让人知道产品是针对什么人推出的,与众不同之处是什么。只有如此,才能将准确的广告信息传达给消费者。系统形象广告定位是企业整体形象的定位,它不仅仅是企业某个产品的定位,也不仅仅是某个企业家风格的定位、某种经营作风的定位,还是对企业文化特征的综合性的定位。

系统形象广告定位按照不同的角度,具有不同的定位形式、方法和技巧。

(1)按其形象性质定位

①表层形象定位,是指对小微企业形象外部直观部分的定位。如对其厂房、设备、环境、厂徽、厂服、商标、产品包装、产品造型等外观的直接定位。

②深层形象定位,是指对小微企业全体员工的信仰、精神、价值观等企业哲学的本质性定位。

③实值形象定位,是指对小微企业活动成果所达到的实际水平的定位。如对小微企业产品的质量,生产能力与规模,经营管理水平,产值与利税等进行定位。

④虚值形象定位,是指小微企业内外对企业整体形象的某些主观的印象性定位。

(2)按其形象分类定位

①组织形象定位,是对小微企业形象的整体或具有代表性的局部的特

征性定位。例如海南航空公司的空姐穿着第五代特制企业服饰"海天祥云"旗袍,是对其高质量、高水平服务的组织形象定位的体现。

②产品形象定位,是指小微企业的产品在竞争中具有明显的优势与特质,而这种优势与特质同企业整体形象的优势与特质具有某些方面的融合性。

③环境形象定位,是指按照小微企业所处的物质环境、生态环境、社会文化环境的特点给予定位。

(3)按其形象范围定位

①外部形象定位,是指对小微企业外部的经营决策、经营战略策略、经营方式方法等方面的特点与风格的定位。例如各小微银行电话客服部均提供 24 小时昼夜服务。

②内部形象定位,是指对企业家、管理人员、技术人员乃至其他全体员工的管理水平、管理风格的定位。例如海底捞坚持"无公害,一次性"的选料和底料原则,体现出严把原料关、配料关的形象定位。

(4)按其诉求方式定位

①感性诉求定位,是指对其消费对象采取情感性的说服方法,向消费者诉之以情,以求消费者能够和企业在情感上产生共识,进而获得在理性上的共识。

②理性诉求定位,是指对其消费者采取理性的说服方法,用客观的、真实的企业的优点与长处,让顾客自己做出判断,进而使双方达成在理性上的共识。

(5)按其诉求技巧定位

①优势定位,是指企业实力雄厚,在某行业、某品种、某产品上抢先占领行业领导者的地位,这种方式小微企业一般不予采纳。

②跟随定位,这是小微企业应主要采用的定位方法。这种定位是依附性的、防守性的,它是模仿大中企业的策略与方法,花较小的力量确保自己地位的一种定位方法。如瑞幸咖啡刚起步时模仿星巴克。

③是非定位。小微企业可以采用以守为攻的定位方法。如娃哈哈在20世纪90年代推出的新产品非常可乐,以碳酸饮料市场为定位,走县城发展道路,避开一线品牌众多的大城市。

④逆向定位。这也是小微企业可以采用的以守为攻的定位方法。如比亚迪在电动汽车市场上的定位,便是针对其他品牌体积大、油耗高的特点所进行的逆向定位,比亚迪因此迅速占领了小型汽车的市场。

⑤进攻性定位。小微企业有时会采用一种进攻性的定位方法。它是找到主要竞争对手的致命弱点,加以全方位的进攻,动摇其固有的地位,改变消费者的看法,使自己取而代之的一种方法。

五、打造小微企业信用文化

小微企业信用文化就是讲求以诚信来处理和对待小微企业内外各种层面的关系,包括小微企业与内部员工的关系、小微企业和股东的关系、小微企业和消费者的关系、小微企业与上下游企业的关系、小微企业和政府的关系、小微企业和社区的关系等。

企业是市场竞争的主体,小微企业要在激烈的竞争中生存和发展,必须要视信用为生命。信用能使小微企业树立起良好的道德形象,赢得消费者的信任,得到更多的合作伙伴的支持,从而降低交易成本,取得好的经济效益,使小微企业逐步发展。

具体来说,小微企业可以从以下几个方面构建自身的信用文化。

(一)建立有利于小微企业发展的利益机制

利益机制是建立企业诚信机制的基础。小微企业的利益包括三个方面:一是企业的产权利益——如果企业的产权不明晰,企业就不会去追求长期利益,不会去顾及企业的信誉,会不择手段追求眼前利益;二是小微企业经营者的利益——在小微企业产权明晰的基础上,要将经营者的利益与企业的利益紧密结合在一起,同时要制约经营者的权力,防止经营者损害企业的信誉谋取私利;三是员工的利益——只有充分关注员工的利益,将员工的利益同小微企业的命运联系在一起,员工才能产生维护企业信誉的积极性。

(二)制定品牌战略

品牌是由小微企业的信誉凝聚而成的,制定品牌战略可促使小微企业树立信誉意识,精心打造品牌产品,并用信誉去精心维护品牌的生存和发展。

(三)建立完善的质量保证机制

产品的质量是企业信誉的载体,小微企业要重视产品质量标准,严格按照产品质量标准进行管理和生产。小微企业还要建立产品售后质量跟踪与服务机制,这是小微企业创品牌、树信誉的重要措施。

（四）建立内部信用管理机制

小微企业要通过各种途径搜集客户的信用资料,并进行信用风险评估,以最终决定是否给予客户信用、给予多少信用额度,以及采取何种可靠的交易方式,与客户签订严密的合约,负责合同的全面履行。

"立信才能立业",在当今日趋激烈的市场竞争中,小微企业要想不被淘汰,唯有加强诚信建设。小微企业只有树立信用意识,加强信用管理,塑造诚实守信的良好形象,才能在市场上赢得信誉,提高竞争力。信用是小微企业最重要的无形资产,是一种生产力,是最好的竞争手段。一个高效的市场,必须是一个信用良好的市场。如果小微企业忽视信用,不讲信用,最终受害的还是企业自身。

事实上,小微企业资金筹集的基础是就是企业的信用,换言之,信用建设是解决小微企业资金紧张问题的基本途径。在市场经济条件下,小微企业之间竞争的成败,主要表现在企业产品质量的优劣、消费者满意程度的高下、生产和管理成本的高低、效益的高低和市场占有率的多少上,而这一切,无不体现在企业信用上。

信用建设能有效提升小微企业的信用度,从而解决一系列经济问题。企业有信,就能得到社会的广泛认同,顺利获得发展生产需要的贷款,在证券市场上募集更多的资金,实施与相关企业的公平交易,产品为广大消费者所青睐。企业有信,就能建立良好的企业文化,大大增强企业的凝聚力、创造力,调动和鼓舞职工的生产积极性,推动企业不断发展壮大,使企业在市场竞争中立于不败之地。

第七章　小微企业伦理道德文化的建设

在竞争激烈、瞬息万变的市场经济社会里，利润关系到每个小微企业的命运。因此有的经营者为了追求利润，不是把经营事业的目光放在"永续经营"上，而是着眼于"短线操作"。为了实现利润的最大化，许多小微企业伦理道德意识淡薄，有些甚至不惜采取各种非法途径去达到目的，假冒仿制、欺诈行骗、商业贿赂、行业垄断等不正当竞争行为犹如商海里的一股逆流，扰乱了市场秩序，也使小微企业掉入火坑，万劫不复。

然而，经济的飞速发展和全球化的到来、社会的全面进步与和谐发展、民众维权意识的增强，以及市场经济相关法律制度的完善，必将改变小微企业固有的生存观念和价值观念，新的经济形势与社会和谐发展要求小微企业必须具备完善的伦理道德体系。

一、伦理道德文化的概念

小微企业伦理道德是小微企业在经营管理活动中与员工、消费者、供应商、政府、股东等利益主体之间道德关系的反映,其核心问题是如何确立自己的道德原则和如何处理与企业之外的他人、组织、环境等之间的关系。因此概括地说,小微企业伦理道德文化是小微企业在处理企业内部员工之间、小微企业与社会之间关系的行为规范的总和。

小微企业的伦理道德文化包含于小微企业文化之中,是小微企业文化精神层面的重要组成部分,对小微企业的生存和发展起着至关重要的作用,在小微企业中占有重要的地位。一个富有深厚伦理道德文化的企业,足以向公众展现它是一个负责任的企业、一个服务公众的企业、一个受人尊敬的企业。

二、伦理道德的特征

小微企业伦理道德文化通过善良与邪恶、正义与非正义、公正与偏私、诚实与虚伪等相互对立的范畴来评价企业和员工的各种行为,并通过这种评价和社会舆论共同监督、指导和调整,使企业和员工行为符合中国特色社会主义核心价值体系要求,促进社会的健康发展。小微企业伦理道德文化具有自己的本质特征。

（一）利益性

企业是向社会提供产品或服务的经济体，经营目的是获取利润，追求经济绩效是企业的本质特征。小微企业伦理道德在一定意义上讲，是在生产、经营、管理活动及生活中，调节与利益相关者之间关系的行为规范。如小微企业重视社会主义伦理道德文化建设，谋求小微企业与自然环境关系的和谐发展，就必然在生产经营过程中尽力维系自然界的生态平衡，努力践行科学发展观，造福子孙后代，赢得社会的广泛赞誉和支持，这样才能够给小微企业带来长远利益和发展。相反，如小微企业不重视环境保护和生态平衡，就会造成资源浪费、环境污染，即使可能取得眼前利益，也损害了社会利益和小微企业自身的长远利益。

（二）制约性

社会主义企业伦理道德是由社会主义经济基础所决定的，因此受到经济基础的制约。小微企业伦理道德总是与小微企业对社会所负的特殊的经济责任、政治责任、社会责任联系在一起，脱离经济、政治、社会责任的企业伦理道德是不存在的。社会主义核心价值体系是社会主义意识形态的本质体现，它统领着小微企业伦理道德。小微企业伦理道德与社会主义伦理道德原则相一致，社会主义伦理道德的公平公正原则、集体主义原则、为人民服务原则、中国特色社会主义原则、诚实守信原则等，同样也是小微企业伦理道德文化建设必须遵循的根本性原则、指导方针和主要内容。小微企业伦理道德文化的确立是社会主义伦理道德原则的具体化，必然受到社会主义伦理道德原则的制约。

（三）与有关法律规定紧密相连

小微企业伦理道德与有关法律规定都是对小微企业行为的规范和要求，但它们履行着不同的职能。小微企业伦理道德要求小微企业及员工"应该怎么做"，这种"应该怎么做"通过社会舆论、习惯、传统、内心信念起作用，而不是靠外部的强制性力量来实现。有关的法律规定要求小微企业和员工"必须这样做"，它依靠外部强制性力量来禁止小微企业及员工有关行为的发生，而一旦发生则强制性禁止并强制小微企业及员工承担相应的后果。但是，企业伦理道德与有关法律规定是紧密联系在一起的。有关法律规定是小微企业伦理道德建设的依据，从而使小微企业伦理道德文化具有更强的约束力。

（四）稳定性和连续性

小微企业伦理道德总是与小微企业的性质、发展历史、经营行为和员工的职业生活、职业要求相结合的。比如，企业内部员工通过劳动分工被固定在一定的工作岗位上，形成相对的稳定性，继而在企业实践中形成比较稳定的社会形象、职业心理、职业习惯和职业道德评价。这种形象、心理、习惯和评价，就会形成小微企业及员工的相对固定的品质，进而决定了小微企业伦理道德具备一定的连续性。小微企业伦理道德的稳定性和连续性具体表现为小微企业世代相传的优良传统和作风，如注重质量、讲究信誉、追求效益、重视人才、品牌塑造、社会责任。一定的稳定性和连续性,是一种传统的伦理道德要求。

三、小微企业伦理道德文化建设的途径

小微企业在扮演"经济角色"的同时还应兼顾自己的"社会角色",即小微企业在发展过程中的目的不仅仅是获取利益,还要承担起应尽的社会责任。伦理性是这两种角色的基础,小微企业应以承担相关的社会责任为目的。那些只为获取自身利益而忽视企业伦理道德的行为或许能满足小微企业发展一时的需要,使企业取得一定的利润,但这些小微企业终究会因缺少商业道德、打乱公平有序的市场秩序遭到全社会的鄙夷。① 小微企业伦理道德在企业文化中居于主体地位,无形之中决定着小微企业的成功和失败,能够帮助小微企业更好地确定未来的发展方向和目标。小微企业可以从以下这几方面来建设伦理道德。

(一)构建完备的法律体系

小微企业伦理道德建设其实是一种心理建设、文化建设,主要诉诸舆论和良心,同时离不开法律的制约。法律规定以其强制性手段规定小微企业及其员工的活动范围和方式,小微企业及其员工的行为超越了法律所规定

---

① 赵慧.关于对企业伦理道德建设的思考[J].行政事业资产与财务,2018(14):83-84.

的界限就要被依法惩办。法律规定对人们行为的制约虽然不属于企业伦理道德范畴,但对伦理道德建设却有一定的促进作用。小微企业在法律的约束下规范行为,久而久之就会形成具有伦理道德性质的传统习惯,法律的约束就转化为小微企业的自我约束。

比如制售有毒有害、假冒伪劣商品是既违反法律又违反社会伦理道德的行为,如果国家严格执法、严厉打击,小微企业就不敢违法,而与之相关的伦理道德问题也就因此解决了。但是,目前法律体系不健全,一些小微企业利欲熏心,无视法律存在,违反伦理道德。

因此,通过完善法律法规体系,创造有法必依、执法必严、违法必究的法治环境,增强小微企业的法律意识,小微企业及员工的行为就必然符合社会主义企业伦理道德规范的要求。

(二)加强小微企业伦理道德教育

符合社会主义伦理道德要求的企业伦理道德形成的过程是一个自觉的过程,需要小微企业不断地教育、灌输、示范带动和施加影响。

小微企业应该把企业伦理道德纳入员工教育与培训的内容体系,坚持不懈、持之以恒地对员工进行反复、系统的伦理道德教育,使每个员工都清楚企业的利益与承担社会责任的关系、掌握企业伦理道德规范的要求、懂得企业伦理道德的功能作用。同时,树立企业的伦理道德标杆,突出管理者伦理道德行为的示范作用,用伦理道德规范员工行为,努力形成企业特有的伦理道德氛围,不断提升企业伦理道德理念,以促进小微企业的科学发展。

（三）强调小微企业自律

小微企业伦理道德建设强调小微企业加强自律。因为小微企业每个行为都会涉及自己的利益和他人（方）的利益。

企业自律，就是企业在进行生产经营活动时，把遵守相关法规、社会伦理道德规范视为责任，使追求经济利益的过程和目的符合伦理道德规范要求。例如安徽荣事达集团曾向全社会发布《企业竞争自律宣言》，该宣言体现了荣事达集团通过企业自律加强企业伦理道德建设的实践与思考。因为对法律禁止的行为，道德会予以谴责，而对法律未做出规定的、不合乎伦理道德要求的行为，道德也会予以谴责。所以避免社会伦理道德谴责，必须要强调小微企业自律。

（四）完善小微企业规章制度

小微企业规章制度犹如企业内部的法律规定，对小微企业员工具有相对强制性的约束力。违背了小微企业规章制度，必然受到纪律的处分，轻则被批评教育，重则被罚款甚至辞退。

小微企业规章制度使企业所倡导的价值观念、伦理道德和行为方式规范化，使员工行为更趋合理化、科学化。一个规章制度健全且被严格执行的小微企业，必然是有序高效运行的小微企业。因此，加强小微企业伦理道德建设，必须完善小微企业的领导制度、人事制度、民主管理制度、班组建设制度、经营管理制度、责任制度、激励制度等，用科学的制度规范小微企业员工行为,促进伦理道德建设。

(五)加强舆论和社会监督

随着科技进步和社会发展,特别是现代媒体事业日益发达,社会的透明度越来越高,监督的手段与方式越来越丰富。只有加强监督,违背社会主义伦理道德的行为才无立足之地。

国家要加强舆论监督,充分发挥媒体在宣传企业伦理道德、揭发企业违规行为上的积极作用;加强政府职能部门的检查、监督作用,特别是加强相关行业的安全、质检、防疫等部门的职能作用;加强群众团体组织——如中国消费者协会——的监督;加强企业利益相关者特别是消费者的监督,小微企业的各种行为最终反映在它所提供的产品或服务上,消费者最有资格和条件评价一个企业,消费者的觉悟和对小微企业伦理道德行为积极的监督,对于小微企业伦理道德建设具有至关重要的促进作用。

小微企业伦理道德是形成小微企业核心竞争力的基础和关键。因为随着科学技术日新月异的发展,创造一种新的产品并不难,难的是企业内部管理要素、企业与外部及管理者与被管理者之间的协调与配合。而这些要素之间配合得好,必然能使企业产生可持续的技术创新力、强势的市场营销力、高效率的制度力和优秀的文化力,最终形成其他企业无法模仿、无法复制的核心竞争力。小微企业伦理道德决定了小微企业文化的道德倾向,决定了管理人员的伦理观念,决定了小微企业处理与内外部各种利益相关者关系时的价值取向,为小微企业协调这些关系提供了准则,因而小微企业要增强其核心竞争力,必须要加强小微企业伦理道德建设。

四、小微企业商业行为的伦理道德规范构建

（一）义利并重

市场经济的发展冲破了传统的"重义轻利"观念，现代的市场经营理念反对义利分离或义利失衡，而明确主张义利统一或义利并重，要求小微企业在遵循商业发展规律、法律、秩序的基础上，通过优质的服务赚钱盈利，既要讲究利润，又要处处为消费者着想。小微企业既需要摒弃"重利轻义"的观念，也不能"重义轻利"。办企业做生意，就是要讲利；赚了钱后回报社会、帮贫助困，这就是义，应该大力提倡。义利并重，才能使更多的人共享发展成果，使我们的社会更加和谐。也只有实现了义利并重，小微企业才能处理好自身与社会的关系、与消费者的关系、与股东的关系、与其他企业的关系、与员工的关系。在追求自身利益的同时，要考虑合作方的利益，以达到和谐、共赢的目的。只有这样，才会有利于社会物质利益和精神利益的同步发展。

（二）公私兼顾

小微企业伦理道德提倡在肯定个人价值、个人利益的基础上，引导人们为集体、为社会谋福利，推动社会发展。在市场经济条件下，我们虽然不强

调人人都要"公而忘私",但也不能"损公肥私"。"君子爱财,取之有道"是我们的祖先留给我们的宝贵遗产和忠告,它告诫后人取财必须靠自己的辛勤劳动和汗水,要遵纪守法,遵守道德伦理纲常。

因此,公私兼顾要求小微企业以追求正当利益为目的,以不违背国家法律和商业规则为原则,主张通过勤奋工作、积极进取、尊重他人的利益和人格来实现自身利益,而不是以侵害他人和社会的利益作为获取自身利益的手段。同时,要为社会多做贡献。

(三)依法办事

严格依法办事是依法治国的基本要求,也是法治区别于人治的重要标志。对从事商业活动的各个经济主体来说,依法办事主要是从自觉守法的角度来讲的。依法办事要求小微企业遵循权利义务相一致的原则,有权必有责:一方面,小微企业能够依法行使权利;另一方面,被法律赋予了权利而不去履行责任或履行不到位,就是不尽责、不作为,就是失职渎职,也要承担相应的法律责任。

如果小微企业都能自觉守法、依法办事,经济秩序就会比较稳定,多数市场主体就不会受到损害,社会整体效益也会提升。所以,依法办事也是小微企业伦理道德建设的一条重要的规范。

(四)公平买卖

公平买卖是指买或卖公平合理,互不相欺。公平买卖既是由商业本身的客观规律决定的,又是市场经济的客观要求。它主要包括三个方面的内容。

1.自愿交易

小微企业在销售商品时,应当遵循自愿原则,不得违背购买者的意愿,搭售商品或附加其他不合理条件。消费者有权选择商品品种或服务方式,选择提供商品或服务的经营者。在经营过程中,小微企业限制消费者选择、阻碍消费者比较鉴别、强买强卖的行为,都是违背伦理道德的。

2.等价交换

等价交换原则是商品交换的基本原则,要求小微企业在经营过程中合理定价、明码标价、按质论价、秤准量足。

3.正当竞争

正当竞争是小微企业伦理道德的重要规范之一,是要求小微企业经营者采用符合国家法律、遵守社会公认的商业道德的正当手段进行竞争的行为。正当竞争包括公开、公平、公正三个方面,既保护了国家、集体和消费者的权益,又提高了企业的劳动生产率,促进技术进步,有利于促进社会主义市场经济的发展,因而受到法律的保护。

（五）讲究诚信

诚信作为一种价值观和伦理道德,在中国有悠久的历史。讲究诚信是企业经营之本,包括诚实经商和讲求信用。诚实经商要求小微企业在商业活动中以诚为本,不欺诈,不坑蒙拐骗。小微企业应当对商品和服务的质量、使用方法应做出真实的说明,商业广告不能含有虚假成分,不得欺骗和诱导消费者。讲求信用要求企业与企业之间、企业与员工之间、企业与消费者之间、企业与政府之间都要遵守诺言、实践成约。

（六）热诚服务

热诚服务是健康的、合情合理的人际关系在商业活动中的具体体现,这就要求小微企业在经营过程中讲求文明礼貌及向顾客提供完善的售后服务,包括端正服务态度、讲求服务艺术、提高服务技巧、改善服务质量等方面。

例如,一线员工是顾客在饭店最先接触也是接触最多的员工,很大程度上代表了饭店的企业价值观和伦理道德水平。企业形象是饭店全体员工共同塑造的,员工的职业道德是其中的重要因素。如果个别员工缺乏起码的职业道德,将影响整个企业的形象,进而影响企业文化建设。一线员工对消费者爱理不理、装作没看见、服务不细心、态度生硬等现象,都会损害饭店的企业形象。另外,有的一线员工对饭店没感情,责任意识淡薄,更关心的是自己的物质利益,对企业的发展不感兴趣,有的员工甚至为个人私利故意泄露企业的商业秘密,使饭店在竞争中处于劣势,影响正当利益的获得。提升这类一线员工的伦理道德水平是饭店管理层工作的重点,也是企业文化灌输的主要任务。

(七)保护环境

社会经济的快速发展,在为社会创造巨大物质财富、给广大消费者提供物质福利、给企业带来巨额商业利润的同时,也严重地消耗了自然资源、破坏了生态平衡、污染了环境。工业生产排放的"三废"(废水、废气、废渣)、粉尘、放射性物质,以及产生的噪声、有毒化学品、垃圾和电磁微波辐射,陆上交通运输活动产生的有害气体、有毒液体、噪声,海上运输船舶排出的污染物,已经日益危害人们的健康生活。因此,小微企业要从实施可持续发展战略的高度来开展经营活动,有意识地保护自然资源并使其得到合理的利用,防止自然环境受到污染和破坏,创造出适合人类生活、工作的环境,协调发展人与自然的关系,与自然和谐相处。

小微企业可以通过构建完备的法律体系、加强小微企业伦理道德教育、强调小微企业自律、完善小微企业规章制度、加强舆论和社会监督这五个方面来进行自身伦理道德的建设。

"人无信不立,业无信不兴,国无信不强。"诚信是社会主义核心价值观的重要内容之一,是一种道德规范。市场经济是在信用经济和契约经济基础上发展起来的一种社会经济形态,其基础就是诚信。作为国家经济发展的重要组成部分,小微企业不仅是为实现自身利益最大化而经营的经济实体,而且是承担着道德责任的伦理实体。小微企业的可持续发展应建立在经济价值和伦理价值统一的基础之上,企业在创造社会财富的同时,理应承担起相应的道德责任,致力于创造更多的精神财富。

第八章　小微企业安全文化的建设

安全是关乎民生福祉、国家发展的重要因素,影响着百姓的基本生活。因而,随着现代企业管理理论的不断发展,安全因素亦成为企业在发展过程中必须考核的重要因素。安全生产既是经济和社会问题,又是重大政治问题,要大力倡导"以人为本,生命至上"的安全文化理念,动员全社会力量参与安全文化建设。习近平总书记高度重视安全生产工作,将其纳入治国理政的重要内容。

安全文化建设是企业文化建设的重要分支,对企业的生存和发展具有十分重要的意义。中国是一个制造业大国,而制造企业大部分又都是小微企业。一方面,这些小微企业提高了中国适应经济和技术变化的能力,并在充满活力的经济发展中起到重要作用。但另一方面,这些以产品的生产制造为主营业务的小微企业在自身的发展过程中也面临着许多问题,其中之一就是安全问题。这些企业由于资金实力不够雄厚,技术力量薄弱,企业管理人员和员工文化程度普遍不高,安全生产意识不强,因而成为安全生产事故多发单位。

安全在手,幸福在心。企业只有全面提高员工安全意识,自觉履行安全职责,遵守安全操作规程,从每件小事做起,时时处处想安全,人人事事讲安全,才能创造优良的安全文化环境,创造和谐生活、和谐企业。

一、小微企业安全文化的概念

安全文化具有客观性,存在于人类社会发展的各个阶段,随着经济社会的不断发展,安全文化也不断发展。近些年来,随着生产工艺技术的不断进步和生活方式的不断改进,人们逐渐认识到安全文化的重要作用。中国在2008年已经颁布和实施的《企业安全文化建设导则》中,对安全文化进行了较为准确的界定:"被企业组织的员工群体所共享的安全价值观、态度、道德和行为规范组成的统一体。"①

(一)安全文化的定义

综合上述理论,我们认为小微企业安全文化即安全文化在小微企业中的应用,是企业安全价值观和安全行为准则的集合体,是企业安全生产的推动力和强有力的保证。小微企业安全文化是小微企业在为实现企业宗旨、履行企业使命而进行的长期管理活动和生产实践过程中,积累形成的全员

---

① 章立.ZT集团安全文化建设与应用研究[D].衡阳:南华大学,2018.

性的安全价值观或安全理念,员工职业行为中所体现的安全性特征,以及构成影响社会、自然、企业环境、生产秩序的企业安全氛围等的总和。企业只要有安全生产工作存在,就会有相应的企业安全文化存在。

(二)安全文化建设的意义

企业安全文化是企业文化的重要组成部分,是小微企业发展的重要基础。企业安全文化以关心人、爱护人、尊重人,珍惜生命,实现安全生产为核心,以宣传、教育为手段,以现代企业安全管理技术为依靠,更有赖于全体员工的安全自律。企业安全文化贯穿于生产经营全过程,有助于提高全员安全文化素质,形成安全生产的长效机制。它的意义有以下几点。

1.能够强有力地推动小微企业管理发展

小微企业安全文化的建立,一方面有利于创造安全的工作环境和秩序,另一方面能够培养员工拥有做出正确的安全决定的能力,小微企业安全文化将最终成为推动小微企业管理发展的强大动力。

2.有利于增强小微企业凝聚力,改善小微企业形象

安全文化通过人为活动将有效的管理办法贯穿企业生产的全过程。企业员工逐渐认同企业的安全文化价值观,形成共同的思想作风、价值观念和行为准则,从而提高了企业的内部凝聚力,维护和强化了企业正面良好的外

在形象。

3.有助于推动小微企业实现安全、健康、标准化的生产

小微企业的安全生产标准化建设是以人为中心，以文化为引导，通过建立规章制度和标准来夯实企业管理工作基础，以实现企业安全生产的规范化、制度化和科学化的一系列安全管理行为。小微企业的安全文化建设不仅能提高小微企业安全生产水平，保障从业人员的安全与健康，也为小微企业健康稳步的长远发展保驾护航。[①]

(三)安全文化与企业文化的关系

1.安全文化是企业文化的核心

安全文化与企业文化之间的关系较为紧密，是企业实践安全管理思想的结果。安全文化在企业各项经营发展实践中得到了广泛的运用，属于企业文化的一个子集。从内容上来看，企业文化包括价值观、行为及态度等，在此基础上延伸出了安全文化。安全文化不断得到拓展和完善，为企业的安全生产和安全管理提供重要的保证，也有助于促进企业的生产经营管理和团队建设。安全文化是在企业文化发展不断成熟之后而产生的，是企业

---

① 杨振华.抓安全文化建设 助企业健康发展[N].永州日报,2020-7-18.

长期发展的重要产物,进行安全文化建设能够促使企业在安全管理方面投入更多的时间和精力,使得员工的思想观念和行为符合安全文化的要求,进而促进企业的不断发展。

2.安全文化与企业文化相互作用

本质上来说,安全文化和企业文化都属于组织文化,其核心都是以人为本。企业文化在建设过程中强调人的发展,将人视为企业发展的动力源泉,重视人在整个过程的重要作用。员工的健康和安全是企业安全文化的重要指标,对企业员工的安全理念、安全思想及安全价值观等进行全面的培养和塑造,是进行安全文化建设的关键,是对安全管理中以人为本思想的重要延续。

安全文化是对企业文化的不断丰富和发展,它是以企业文化为基础的,也是保证企业文化发展的核心。企业文化在不断发展的过程中,逐步引导着企业进行安全文化建设,对其方向和方法方式都有较大的指导作用。企业健康的价值观能够在极大程度上促进企业的发展,同时也影响着员工的工作方法、工作意识和工作行动等,进而可以为企业的发展营造出良好的安全文化。对企业而言,全面完善企业文化和安全文化的建设,对其进行有效的规划,能够实现两者的有效结合,进而提升两者的协调性和统一性。

二、小微企业安全文化的基本要素

（一）安全承诺

小微企业应做出包括安全价值观、安全愿景、安全使命和安全目标等在内的安全承诺。

小微企业家应对安全承诺做出有形的表率，让各级管理者和员工切身感受到领导者对安全承诺的重视。

小微企业的各级管理者应对安全承诺的落实起到示范和推进作用，形成严谨的制度化工作方法，营造有益于安全的工作氛围，培育重视安全的工作态度。

小微企业的员工应充分理解和接受小微企业的安全承诺，并结合岗位工作任务实践这种安全承诺。

小微企业应将自己的安全承诺传达到相关方，必要时应要求供应商、承包商等相关方提供相应的安全承诺。

（二）规范程序

小微企业内部的行为规范是小微企业安全承诺的具体体现和安全文化建设的基础要求。小微企业应确保拥有能够达到和维持安全绩效的管理系统,建立界限清晰的组织结构和安全职责体系,有效控制全体员工的行为。

程序是行为规范的重要组成部分。小微企业应建立必要的程序,以实现对与安全相关的所有活动进行有效控制的目的。

(三)行为激励

小微企业在审查和评估自身安全绩效时,除使用事故发生率等消极指标外,还应使用旨在对安全绩效给予直接认可的积极指标。

员工应该受到鼓励。在任何时间和地点,员工挑战自身遇到的潜在不安全因素,并识别工作过程中存在的安全缺陷,小微企业都应及时给予奖励。

小微企业应建立员工安全绩效评估系统,应建立将安全绩效与工作业绩相结合的奖励制度;审慎对待员工的差错,避免过多关注错误本身,而应以吸取经验教训为目的;仔细权衡惩罚措施,避免因处罚而导致员工隐瞒错误的情况发生。

小微企业宜在组织内部树立安全榜样或典范,发挥安全行为和安全态度的示范作用。

(四)传播沟通

小微企业应建立安全信息传播系统,综合利用各种传播途径和方式,提升传播效果。

小微企业应优化安全信息的传播内容,将组织内部有关安全的经验、实践和概念作为传播内容的组成部分。

小微企业应就安全事项建立良好的沟通程序,确保小微企业与政府监管机构等相关方、各级管理者与员工、员工相互之间的沟通。

(五)学习改进

小微企业应建立有效的安全学习模式,保障安全学习过程的动态发展,保证安全绩效的持续提升。

小微企业应建立正式的岗位适任资格评估和员工培训系统,确保全体员工胜任自身所承担的工作。

小微企业应将与安全相关的任何事件,尤其是人员失误或组织错误事件,当作能够从中汲取经验教训的宝贵机会与信息资源,从而改进行为规范和程序,获得新的知识,不断提升能力。

应鼓励员工对安全问题予以关注,进行团队协作,利用既有知识和能力,辨识和分析可供改进的机会,对改进措施提出建议,并在可控条件下授权员工自主改进。

经验教训、改进机会和改进过程的信息宜被编写入小微企业内部培训课程或宣传教育活动的内容中,使员工广泛知晓。

(六)安全事务

全体员工都应认识到自己负有对自身和同事安全做出贡献的重要责任。员工对安全事务的参与是落实这种责任的最佳途径。

员工参与的方式具有多样性,小微企业组织应根据自身的特点和需要,确定员工参与的形式。如成立员工安全改进小组,定期召开有员工代表参加的安全会议,建立在信任和免责基础上的微小差错员工报告机制等。

所有承包商均可对小微企业的安全绩效改进做出贡献,小微企业应建立让承包商参与安全事务改进过程的机制。

(七)审核评估

小微企业应对自身安全文化建设情况进行定期的全面审核,比如领导应定期对小微企业安全文化建设的成果进行评估,找出不符合规范程序或存在安全隐患的地方,提出进一步完善的措施或计划,以提高安全绩效。

在安全文化建设过程中及时审核,应采用有效的安全文化评估方法,关注安全绩效下滑的前兆,给予及时的控制和改进。

三、小微企业安全文化建设的途径

(一)强化现场管理

一个小微企业是否安全,首先表现在生产现场是否安全,现场管理是安全管理的出发点和落脚点。员工在小微企业生产过程中不仅要同自然环境和机械设备等做"斗争",而且还要同自己的不良行为做"斗争"。因此,必须加强现场管理,搞好环境建设,确保机械设备安全运行。同时要加强对员工行为的控制,健全安全监督检查机制,使员工在安全、良好的作业环境和严密的监督监控管理中工作,没有违章的条件。为此,要搞好现场文明生产、文明施工、文明检修的标准化工作,保证作业环境整洁、安全。岗位作业规范标准化,预防"人"这一不安全因素起作用,使员工干标准活、放心活、完美活。

(二)安全管理规范化

人的行为的养成,一靠教育,二靠约束。约束就必须有标准、有制度,建立健全一整套安全管理制度和安全管理机制,是搞好企业安全生产的有效途径。

健全安全管理法规,使安全管理有法可依,有据可查。对管理人员、操作人员,特别是身处关键岗位的工作人员和特殊工种人员,要进行强制性的安全意识教育和安全技能培训,使员工真正懂得违章的危害及严重的后果,提高员工的安全意识和技术素质。解决生产过程中的安全问题,关键在于落实各级干部、管理人员和每个员工的安全责任制。

在管理上实施行之有效的措施,从公司到车间、班组建立一套层层检查、鉴定、整改的预防体系,遇到问题责任人进行及时整改。同时,重奖在工作中发现和避免重大隐患的员工,调动每个员工的积极性,形成一个从上到下的安全预防体系,从而修复安全漏洞,防止事故的发生。

（三）提高员工整体素质

　　小微企业安全文化建设,要在提高人的素质上下功夫。加强安全宣传,向员工灌输"以人为本,安全第一""安全就是效益,安全创造效益""行为源于认识,预防胜于处罚,责任重于泰山""安全不是为了别人,而是为了你自己"等安全观,树立"不做没有把握的事"的安全理念,增强员工的安全意识,形成人人重视安全、人人为安全尽责的良好氛围。

（四）开展丰富多彩的安全文化活动

　　通过各种活动方式向员工灌输和渗透企业安全观,取得广大员工的认同。广泛地开展认同性活动、激励性活动、娱乐活动、教育活动;张贴安全标语,提合理化建议;举办安全论文研讨、安全知识竞赛、安全演讲、事故安全展览;建立光荣台、违章人员曝光台;评选最佳班组、先进个人;实行安全考核,并采取一票否决制。开展的"安全生产年""百日安全无事故""创建平安企业"等一系列活动,都要与实际相结合,其最根本的落脚点都要放在基层车间和班组。只有基层认真地按照活动要求和自身实际,制定切实可行的实施方案,扎扎实实地开展,不走过场,活动才会收到实效,才能使安全文化建设尽善尽美。

（五）树立大安全观

小微企业发生事故，绝大部分是由员工的安全意识淡薄造成的。因此，小微企业要以预防人的不安全生产行为为目的，从安全文化的角度要求员工建立安全新观念。比如上级组织进行安全检查是为了帮助下级查出安全隐患、预防事故，这本是好事，可是下级往往是百般应付，害怕查出什么问题，就是真的被查出问题也总是想通过走关系大事化小、小事化了。又如安全监督人员本应该是安全生产的"保护神"，可是现场管理者和操作人员却利用"你来我停，你走我干"的游击战术来对付安全监督人员。我们应利用一切宣传媒介和手段，有效地传播、教育和影响公众，使人人都具有科学的安全观，掌握自救、互救的应急防护技术，使自己的行为符合安全行为规范，同时符合职业伦理道德要求。

四、小微企业安全文化建设的实施步骤

（一）保障措施

安全文化建设是一个长期的过程，并非一日之功，为了使小微企业的安全文化建设能够落到实处，必须为之匹配相应的保障措施。

1. 加强领导

小微企业家的安全文化水平对小微企业的安全文化建设起到重要的作用,企业在践行安全文化的过程中,小微企业家的经营思想和管理作风会对员工的安全意识和行为产生直接的影响,因此小微企业领导层和管理者要通过自身的影响力及科学管理手段、制度规范等加强对员工的领导。

《中华人民共和国安全生产法》规定:生产经营单位的主要负责人对本单位的安全生产工作全面负责。可见,企业负责人是安全生产第一责任人。小微企业家要确保安全生产管理人员上岗,保证安全生产资金投入,组织制定安全生产规章制度、操作规程,并保证其有效实施。小微企业家要定期召开安全生产会议,组织安全生产教育培训,组织安全生产排查治理,组织安全生产应急演练,组织安全生产事故应急救援。小微企业家安全认识水平的高低,直接影响安全生产管理效果,所以作为安全生产第一责任人的企业负责人要积极参加地方有关部门举办的培训班,自己主动学习安全生产管理方面的法律、政策、文件及其他安全生产管理方面的知识,努力提高自己对安全生产的认识水平和指挥管理能力。同时,转变管理理念,将"要你安全"转变为"我要安全",只有这样才能变被动为主动,安全生产管理的动力才会足,才能减少安全生产事故的发生。大部分小微企业都采取家族式的管理模式,小微企业家只要放手去抓,安全生产工作就基本会落到实处。所以,必须坚持企业家是企业安全生产工作第一责任人不动摇。

2. 建立长效机制

所谓长效机制，就是能保证制度长期正常运行并发挥预期功能的制度体系。长效机制需要随着时间、条件的变化而不断更新、发展、丰富和完善。

没有规矩不成方圆，规章制度就是企业的规矩。安全生产规章制度则是企业安全文化中的一个重要组成部分，是保证员工的安全和健康、保证生产活动顺利进行的手段。小微企业要建立健全各项企业安全管理规章制度，组织修订、完善已有的安全操作规程、标准，使其规范科学并得到严格执行，同时对企业在技术进步、技术改造中采用的新工艺、新技术和新设施，建立起安全操作技术规程、标准。

第一步，小微企业要成立以厂长（经理）为组长，各级管理人员为成员的安全生产领导小组和工作小组，建立纵向到底、横向到边的安全生产管理网络，层层确立安全生产责任制，明确各级各部门安全生产目标、任务、责任；第二步，至少要保证有一名安全生产管理人员专职进行安全生产管理，这名管理人员必须经过有关安全培训部门的专门培训，经考试合格方可上岗；第三步，小微企业各级各部门负责人都要经过企业安全生产培训，使企业管理人员都能"懂安全、讲安全、会安全"，建立起层层有人管、级级有人抓的安全生产管理体制。

3. 加大资金投入

小微企业进行安全文化建设，是一项面向未来的战略投资。为了保证安全文化建设各项工作顺利推进，需要制定详尽的建设规划，明确各个环节的人力、财力、物力的投入和产出,为企业安全文化建设提供保障。资金投入是安全文化建设的最重要的保障。在安全文化建设的整个过程中,会涉及一系列的资金投入问题,尤其是物质安全文化建设方面,涉及的金额相对较大。因此,小微企业要做好预算工作,制定费用支出方案。此外,小微企业还要做好人员和财物的使用工作,为安全文化建设提供充分的人力和物力支持。

4.加强安全文化队伍建设

职工的安全素质直接关系到企业生产安全,往往就是因为职工没有经过严格的安全生产教育培训,或接受的安全生产教育培训不到位,安全意识不强,缺乏安全操作技能,才导致安全事故发生。因此,提高职工安全素质的重要措施之一,就是要对小微企业全体员工进行安全教育和培训。主要从以下三个方面入手进行教育和培训。

(1)小微企业要对全体员工进行安全教育和培训,员工经考核合格方可上岗。安全教育和培训包括工人上岗前培训、转岗前培训和定期安全培训等。小微企业采用新的工艺、新的技术、新的材料、新的设备时,在投产前尤其要对员工进行专门的安全教育和培训。

(2)特种作业人员素质的高低,对企业的生产安全至关重要,因此要保证对特种作业人员进行专门的安全培训。只有取得相关资格,才能上岗。

(3)小微企业管理人员和安全生产管理人员要具有与小微企业生产管理理念相匹配的安全生产知识和管理能力,要参加规范的安全生产教育培训并取得资格认证。

5.完善考核与评估机制

一是确定效能考评对象;二是确定考评内容和标准;三是考评原则,考核工作要客观公正、民主公开、重视实绩等;四是确定考评方法,考评可以采用自评、互评和综合考评相结合的方式进行。此外还要对安全文化的建设内容和实施方法进行考评,可以采用调查问卷、内部座谈会、聘请专家诊断等方式对小微企业的安全文化进行考评,这些保障措施对于建设小微企业发展所需要的安全文化具有重要作用。[①]

(二)小微企业安全文化建设的内容

1.提炼安全理念

从实践角度讲,安全理念最终要被转化为员工的思想观念,牢固根植于思维深处,并指导工作和职业行为。因此,安全理念的提炼必须坚持"从员工中来"的原则,即自始至终让员工高度参与,使员工成为提炼安全理念的主体。

安全理念的提炼要经过以下五个步骤:

(1)在小微企业内网上发布征集安全理念的通知;

---

① 陈志斌.珠海醋酸纤维有限公司安全文化建设研究[D].株洲:湖南工业大学,2014.

（2）筛选、梳理收集到的员工意见和建议；

（3）在小微企业内网公布整理后的安全理念，让员工评选最佳选项；

（4）公布员工评选出的最佳选项，请员工发表补充意见和建议；

（5）在最后征求意见的基础上，经领导小组认可，最终确定安全理念体系；

（6）召开小微企业安全文化启动大会，颁布小微企业安全文化规章制度。

2.征集文化故事

在安全文化建设中，安全文化案例故事的征集是一个重要的环节。案例故事是指，对现实生活、工作中的真人真事进行采写、加工、提炼、讲述、再加工、再提炼，提炼出具有相当教育意义的故事，寓教育于故事之中。安全文化案例故事，就是通过一定的步骤和程序，将企业曾经发生的安全事故案例整理汇总成生动、形象、可听可读性较强的案例故事。在进行安全教育时，让员工从这些故事中感悟到安全工作的重要性，体会到安全第一的深刻意义，从而开启心智，增强自身的安全意识，增强积极学习安全方面相关知识的主动性。

（1）成立安全文化案例故事采写小组，组员可以是有一定写作经验、对本单位发展和成长有较深了解的人员，也可以是媒体记者、专业策划公司的写作能手。

（2）采写小组深入一线班组，调查采访企业一线员工。在采访、座谈中要做到以下几点：一是采写小组要具备敏感的嗅觉，抓住那些对员工具有深刻教育意义的细节，并对其进行完整、详尽的记录和描述，记录要原汁原味，不要煽情,不要进行删减,也不要凭空杜撰;二是采访的方式可以是单独的面谈也可以是集体的座谈,还可以是就某个安全事故经典案例召集相关当事人进行的情景重现。

(3)整理成完整故事。在前期采访的基础上,进行认真的总结、梳理、提炼,撰写出一个个血肉丰满的故事。故事要有三个特点:情节的完整性,故事的真实性,较强的教育意义。要注意的是,各个采写小组整理故事要有不同的侧重点,不要千篇一律、千人一面。

(4)收集听故事的感受。可以把初步整理成型的安全文化案例故事讲给小微企业的新员工听,并请新员工讲述自己听后的切身感受和真情体会。也可以把故事讲给外单位的员工听,请他们谈感受、谈体会、谈对本企业的认识。

(5)提炼出安全理念文化。在前述采、写、讲、听几个环节的基础上,抽象出与小微企业安全文化理念相符的情感或符号。特别是要在故事的教育意义与小微企业安全文化建设要求的匹配度上下功夫,不要强拉硬扯、牵强附会。

(6)提升为案例故事。以小微企业的安全文化理念为统领,以故事为基础,以员工的感受为点睛之处,编写出富有教育意义、便于员工接受的安全文化案例故事。

3. 制定行为规范

安全操作行为规范是指为了防止在生产过程中出现伤亡事故,保障劳动者的安全健康,针对某一具体工艺、工种、岗位所制定的安全行为规范。小微企业制定完善的安全操作规程,是为了保证完成生产任务和不出事故,如果操作者不按规程操作,那么规程将一文不值。

4.建立安全制度

制度具有长期性、规范性、普适性的特点。作为小微企业安全文化建设的内容之一,制度文化建设重在内容的健全完善和执行的持续。

(1)安全生产责任制

安全生产责任制,是一种由专人对安全生产负专门责任的管理制度,具体说就是主要负责人应对本单位的安全工作负总的责任,各级职能部门领导及其工作人员、生产工人在各自的职责范围内对安全工作负相应的责任的制度。它是生产经营单位各项安全生产规章制度的核心,也是最基本的职业安全健康管理制度。安全生产责任制将各类人员、各部门的责任及有关安全生产各方面的情况加以明确规定,从而增强全员在安全管理方面的责任心,使安全管理纵向到底、横向到边。

(2)安全生产目标管理制度

安全生产目标管理制度以生产经营单位总的安全目标作为指导,向下分解总目标,使每级都能明确自己的职责和任务,同时协调好各级的关系。开展生产经营工作的各个部门都要以总目标为指导,同时努力实现自己的工作目标,当所有成员共同努力实现自己的目标后,就可以实现生产经营单位的安全生产目标。

(3)安全生产教育培训制度

安全生产教育培训是一项系统工程。从广义上讲,它是对社会所有人员进行安全教育,提高社会所有人员的安全素质和安全意识,使全社会人人关心安全,树立良好的安全意识,继而形成良好的、安全的生产、生活环境的一项工程。从狭义上讲,安全生产教育培训,是通过一定的方式、手段将安全生产方面的政策法规、科学技术知识及安全理念传达给各级领导干部和广大员工,使他们树立正确的安全意识、安全理念,同时通过一定的行为训练,使之养成一种安全习惯,提高自我防护、防范事故发生、保证安全生产能力的一项工作。

(4)安全生产检查制度

安全生产检查指的是,在开展安全生产工作时,要对各项因素进行观察、测试、分析和研究,如果发现某一因素出现问题,必须及时采取措施防止该因素扩大影响,要采用定性或定量评价方法评估整改效果,使安全生产水平得到提高。简单来说,安全生产检查就是评价、分析、控制给安全生产带来影响的各类因素。企业在开展安全检查工作时,必须做好一项重要工作,即要将"安全第一"作为指导思想,要做好预防工作,全面治理,这样才能使安全生产得到保障。要对生产活动有全面的了解,如果出现问题,必须制定科学、规范的解决方案,全面评价生产的安全性,在开展各项工作之前,必须严格评估危险源。

(5)劳动防护用品管理制度

员工劳动防护分为群体防护和个体防护。生产过程安全首先在于生产设备的安全和工艺设计的安全。因此,在设备安全上应采取以下的群体防护措施:设备应有的保护和预防(事故)装置,制动和互锁装置,情况异常时危险信号(声、光)装置,安全标志,遥控装置和其他安全装置。工艺设计上应采取以下保护措施:不得让职工直接接触对人体有毒有害的原材料、半成品、生产废弃物;改造和淘汰危险的操作方式方法,代之以综合机械化和自动化;建立能保证员工安全和设备紧急停车的工艺过程监控系统。

（6）安全事故应急救援预案

为了在重大事故发生后能及时控制,减少事故带来的损失,一定要及时评估危险场所存在的危险源。要以预测为依据,制定应对重大事故的方案,事先准备各种抢险设备,成立专门的抢险队伍,如果出现重大事故,要按照应急预案来执行各项工作,要采取有针对性的措施,按照相关程序开展救援工作,防止事故扩大,使人员和财产得到有效保障。

5.统一标识体系

（1）统一视觉识别原则。视觉识别是安全文化建设的题中应有之义。进行安全文化建设要统一视觉识别系统,无论是员工佩戴物还是现场标志,不但要广泛应用标准字、标准色、企业标志图案等,而且要专门设计安全帽、标识牌、告示牌等常用的安全硬件物品,这样便于人们识别,也便于树立、展示、宣传企业形象。某企业需统一识别的物品如表8-1所示。

表8-1　某公司需统一识别的物品[①]

物品类别	物品名称
员工佩戴物品	安全帽,安全手套,胸牌,工装,安全员标志
现场标志物品	宣传展板,施工告示牌、告知牌,条幅、横幅,安全警戒线,各种安全警示牌,施工挡板,安全网,深沟槽安全步梯,安全张贴画
施工现场 用电安全	漏电保护器、电线架空、电线接口防护

① 曹永军.Y公司安全文化建设研究[D].西安:西安科技大学,2015.

（2）加大安全物品投入原则。通常情况下，开展安全文化建设需要较大的投入。小微企业的高层管理者要统一思想，高度重视，加大投入，定期对安全物品进行检查，保证各项安全物品齐备、标志清晰醒目，及时对丢失及因损坏而失去安全防护功能的物品进行更新。

企业安全文化建设是一般的小微企业所缺失的，小微企业加强安全文化建设很有必要。对安全生产进行科学管理，需要从人、物、环境、管理四要素全面考虑，但其中人这一要素是最为重要和基本的。对事故进行预防不仅要充分依靠安全技术、安全工程设施等安全的"硬件"，更需要完善安全法制、安全教育等安全管理的"软件"。从安全生产各要素出发，对安全生产进行全方位的、立体式的、有效的协调和管理，是安全文化建设的目标。建设良好的安全文化氛围，保障小微企业安全生产，是小微企业安全文化建设的基本目的。

企业安全文化建设是将企业安全理念和安全价值观表现在决策者和管理者的认知态度和工作行动中，将安全标准落实在生产的工艺、技术和实践过程中，由此形成一种良好的安全生产氛围。通过安全文化建设，小微企业提升各级管理人员和职工的安全生产自觉性，让文化的力量促进企业安全生产和经济发展。强化现场管理、安全管理规范化、提高员工整体素质、开展丰富多彩的安全文化活动、树立大安全观，是开展安全文化建设的有效方式和途径。